用哲學找出你的人生答案

成為大人的第一堂哲學課

中高生のための哲学入門

談智涵——譯

小川仁志——著

前言 十八歲，為何如此重要？

大人。

各位對於這個詞彙有什麼印象呢？每次我問中學生這個問題，經常得到這樣的答案：「成熟可靠」、「有責任感」、「社會人士」、「生活壓力大」……等等。但反過來說，我們對於「未成年人」的印象，是否就是相對的「不夠可靠」、「缺乏責任感」、「還不算是真正的社會人」，並且「生活輕鬆」呢？

之所以會對未成年人抱持這樣的印象，或許是因為青少年們心中設想的對象可能就是自己，而自己就是每天都抱著這種心情過日子吧。我回想起自己讀中學的時候也是如此，甚至就連大學時代也還是有這樣的感覺。

---

① 康德（Immanuel Kant, 1724-1804），啟蒙時代德國哲學家、德國古典哲學創始人，開啟唯心主義哲學，被視為繼蘇格拉底、柏拉圖、亞里斯多德之後，西方最具影響力的哲學家之一。著有《純粹理性批判》、《實踐理性批判》、《判斷力批判》。

老實說，恐怕現在也好不到哪裡去……。

德國哲學家康德[①]在他的文章〈啟蒙是什麼〉當中，不分年齡大小，將所有不懂得如何運用理性與智慧的人都稱為「未成年」。他們需要別人指導各種事情，否則什麼也不會做，就像小孩一樣。然而，只要透過教導和學習，他們還是能夠逐漸靠自己本身的力量來運用理性與智慧。

當一個人能夠完全獨立自主時，他就脫離了未成年的狀態。這是一個十分令人容易理解的定義。因此，當一個人年滿二十歲或十八歲，並不會因此而在一夕之間突然就變成了大人。

目前，日本的成年門檻是二十歲。從二〇二二年開始，則會降至十八歲。換句話說，從那時候開始，十八歲就會被當作大人了。對於現在已滿十八歲，或者快要年滿十八歲的年輕朋友來說，可能一時之間也難以相信自己即將要被當作大人了吧。

那麼，究竟為什麼要以年齡作為分界呢？按照康德的說法，要判斷一個人是否成年，應該是看他能不能夠自行運用理性和智慧才對，不是嗎？

然而，如果真的採用這種區分方式，無論對於個人或者對於社會來說，應該都會是一個很頭痛的問題吧。畢竟人們總是傾向選擇比較輕鬆的生活方式，如果成為大人必須負擔某些責任義務，這麼一來，人們是否可能乾脆選擇不培養智慧，那麼，就永遠不需成為真正的大人，也永遠不必獨立自主。

或許有人覺得這樣也沒關係，但實際上，能夠自己做決定並且付諸行動，是一件非常美好愉快的事。生而在世，卻不能體會這種樂趣，其實是非常可惜的。

更重要的問題是，如果這個社會愈來愈多人沒辦法成為成熟的大人，我們的社會勢必將陷入一場災難。如果每個人都缺乏責任感、不努力工作，也從不關心社會的實際運作狀況，那會是一個什麼樣的世界呢？可以想見，這樣的社會必定無法運作，最終每個人也都無法生存下去吧。

因此，我們才必須將某個年齡強制設定為成年門檻，讓每個人都統一在同一個時間點成為成年人。在未來的社會裡，十八歲就是大人了。包括選舉權的門檻也已經降至十八歲，只要年滿十八歲，我們就能表達自己的意志，參與決定國家的未來。

因此，「每個人是否能在十八歲之前成為成熟的大人」就變成整個社會的重要課題，因為這將會對社會的每一個面向都產生決定性的影響。無論對於自己或對於社會來說，十八歲都是很重要的。

因此，我想透過這本書和大家談談，如何才能讓自己成為成熟可靠的大人。而哲學，正是掌握這個問題的關鍵。為什麼這麼說呢？這是因為，只要在十八歲之前學習哲學，就能夠慢慢培養自己的觀點，面對這個世界時，便能抱持自己的意見。這也是為什麼本書書名是《成為大人的第一堂哲學課》。

能夠擁有自己的意見，就表示已經成為如同康德所說的，是能夠運用智慧、成熟可靠的大人。所謂的哲學，就是自己用頭腦思考，並且把這些思考轉化為語言的過程，接下來我在每一章會仔細說明。或許有人會問，哲學真的有這麼大的力量嗎？這是非常重要的一個問題，我會在本書中好好解釋。現在，就讓我們開始吧。

目次

目次

目次

第一章

哲學其實是最了不起的學科

哲學是什麼？學哲學有用嗎？
用哲學，可以改變世界？

1 「哲學」是什麼？

——哲學真正的含義

或許有些讀者會感到疑惑，這本書開門見山就要直接進入哲學嗎？正如我們在前言中提到的，我想向大家介紹成為大人的方法，而這個方法就是哲學。

話說回來，大家認為「哲學」是什麼呢？或許大家都聽說過哲學，但很遺憾的是，在日本現行學校教育中，直到高中階段為止都沒有學習哲學的機會。這可能是因為連大人自己都對哲學有所誤解吧。

一般來說，很多人認為哲學是一門研究古代思想家、哲學家所撰寫的

艱深書籍的學科。實際上，那是哲學研究，而不是哲學本身。

真正的哲學，是持續求知的過程。世間普遍認為哲學起源於古希臘，在古希臘時期的哲學之父蘇格拉底[②]認為，哲學是「愛智之學」，也就是以「愛」（Philein）的方式來對待「智慧」（Sophia）。這就是英語的哲學「Philosophy」或者德語的哲學「Philosophie」等詞彙的字源，也是哲學這個名詞真正的意思。

蘇格拉底認為，比起自以為什麼都知道，不如坦率地承認自己的無知，並持續探求未知的事物，才是明智的。這就是所謂的「無知之知」。

所謂的哲學正是實踐這樣的理念。

正因為不知道，所以持續探索。舉例來說，日常生活中，我們經常使用一些詞彙，例如「自由」、「愛」等等。之所以會使用這些詞語，是因為我們自認為自己知道它們的含義。但，真的是這樣嗎？所謂的「自由」與「愛」，究竟是什麼意思呢？

② 蘇格拉底（Socrates, c. 470-399 BC）：古希臘哲學家。西方哲學的重要奠基者。其重要思想主要記錄於弟子柏拉圖的《對話錄》中。

如果重新思考這些常見字詞的意涵，就會發現這些問題其實並不容易回答。換句話說，常把這些詞彙掛在嘴上的我們，只不過是自以為自己知道這些詞語的含義罷了。這與蘇格拉底所說的「無知之知」（承認自己的無知）正好相反。唯有當我們開始勇於質疑自以為理解的詞語，願意面對自己的無知，我們才能真正開啟哲學思辨。

事實上，「自由是什麼？」、「愛是什麼？」等問題，是數千年來前人們持續探究的哲學問題。至今，人們也仍然持續思索著這些問題的答案。諸位可能會感到驚訝，為什麼連「自由」和「愛」這麼基本的問題，至今都尚未有明確的答案？這正是哲學的有趣之處。

到目前為止，哲學與其他學問相異的兩個特點已經顯而易見。第一，必須質疑那些看似理所當然的事情。第二，必須持續不斷地提出疑問。

乍聽之下似乎很愚蠢，但這兩個特點其實都是非常重要的，因為其他學問並不一定會去質疑那些看似理所當然而且顯而易見的事。然而，在哲學的思考中，會考慮假如那些「理所當然」背後其實建立在誤解之上，那麼，會發生什麼事？這表示如果如果長期下來一直沒人去質疑那些「理所當然」，那麼，背後的誤解將永遠也不會有修正的機會。綜觀歷史，這樣的情況已經發生過無數次。這就是為什麼我們需要一門學問，讓我們勇於質疑那些看似理所當然的事。

或許有人會認為，既然這樣，那只要完整地討論過一次就夠了，不需要一而再、再而三地去思考這些問題吧？然而，由於時代不停演變，同一個事物的意義也會隨著時代而改變，所以我們有必要不斷地重新提出疑問。像這樣持續不斷地質疑、探究同一個問題，也是哲學獨有的特點。

——哲學的實踐方法

那麼，哲學究竟應該如何實踐呢？關於這個問題，當然有很多不同的立場和解釋方式，但我希望盡可能簡單地說明，讓任何人都能明白。哲學的實踐方法，就是「懷疑事物，以各種不同的觀點重新思考、重新建構，並透過文字或語言表達出來」。

為了重新思考那些看似理所當然的事情，首先必須抱持懷疑的態度。例如，當我們重新思考「自由」這個詞的意義時，就必須先質疑自己內心原本認定的「自由」。

如果對於一個詞語或一個概念，你已經自認理解，並且經常使用它，那麼無論這個理解是否正確，它在你心中想必已經具備某種意義，我們可以稱之為「固有觀念」。如果不先質疑這些「固有觀念」，就無法真正思考它的真正含義。所以哲學的第一步，就是懷疑那些看似理所當然的事情。如果在你的固有觀念中，你一直認為「自由」的定義，就是你可以做任何想做的事情，不妨試著重新質疑這個想法。

一旦開始質疑固有觀念，接下來，我們就必須盡可能用廣闊的視角來重新看待它，也就是重新以各種不同的觀點來思考自由的含義。例如，從社會的角度來看，自由的含義可能會比較狹窄，因為如果每個人都隨心所欲，社會就無法好好運作。因此，就社會的觀點而言，自由的含義可能會是「在不給他人帶來困擾的前提下所能做的事情」。

另一方面，從政府的角度看，自由是可以賦予以及實現的事物。而從宇宙的角度看，所謂的自由可能只是人類對於物理現象的一種抗拒。畢竟所有的事物，可能在宇宙誕生的瞬間就已經決定了……

雖然我們可以用各種不同的角度來詮釋自由的意義，但如果我們在這裡就停下思考的腳步，終究無法確定自由的意義是什麼。因此接下來還需要以這些觀點為基礎，加以重新建構，尋找這些觀點的「最大公約數」。

這麼一來，或許我們可以說，自由是指人們在人際關係或社會等一定範圍的框架內，盡可能想要隨心所欲的一種心理狀態。雖然到這裡已經有了比較明確的觀點，但由於哲學的中心思想是將思考的結果以言語的形式表達出來，因此我們最好能夠更明確地表述其內容。

當我們能夠將想法清晰地轉化為語言時，才算是真正理解那個想法。

當然，要用語言將世上萬物清晰地表達出來，是非常困難的一件事。尤其是有一些概念還很模糊，可能根本難以用語言完整呈現。然而，這種試圖捕捉概念的努力過程，也是哲學的意義所在。

否則，我們將無法確定事物的意義。哲學所付出的努力就是為世界創造意義。

以剛才談到的「自由」為例，它可能代表著在特定框架內，人們希望能夠隨心所欲的一種心理狀態。

當然，所謂的自由，意義可能會隨著時代或環境變化而有所不同，甚至因人而異。但即便如此也沒有關係，哲學是每一個獨立個體所進行的活動，答案自然也會因人而異。

自由的意義也是如此。不過，當人們不再只是單獨行動，而是在同一個地方共同進行群體活動時，就需要將自己所思所想的含義與他人進行協調。從自由的意義來說，美國就是一個典型的例子。

一般認為美國是個自由的國家，當初歐洲人民為了追求自由，才離開歐洲並且創建這個國度，自由女神則是它的象徵。

然而，即使在美國這個崇尚自由的國家，自由的含義也並不是單一的。大略而言，至少可以分為兩種不同的意義：一是追求個人喜好的自由，另一個則是實現眾人欲行之事的自由。基於這樣不同的兩種意義，政黨也分成兩大派。各位可能聽說過，一個是提倡保守主義的共和黨，另一個則是自由派的民主黨。

在美國，追求個人喜好的自由被認為是保守主義的理念。相反地，支持個人自由以實現眾人欲行之事的思想被稱為自由派或自由主義。

即使在這樣的對立之中，他們仍在努力尋求共識，國家人民才能夠和諧共存。雖然美國前總統川普上台後出現了一些危機……總而言之，經過哲學的思辨之後，立場各異的彼此之間，是非常需要良好協調的。有關這方面的討論，我們可以稍後再來詳談。

現在，各位對於哲學的印象，是否已經和過去有所不同了呢？

課堂小結

- 真正的哲學，是持續求知的過程。
- 哲學的兩大特點：一，必須質疑所有的「理所當然」。二，必須持續不斷提出疑問。
- 哲學的實踐方法：必須先質疑，再以不同的觀點重新思考、重新建構，最後並透過語言表達出來。
- 必須確定事物的意義，因為哲學所付出的努力就是為世界創造意義。

2 歷史上的哲學家也曾經面臨相同的困擾

——每個人都是在困惑中成長

我們前面談過，每個人都需要學會善用自己的智慧，才能成為成熟的大人。各位應該已經在某種程度上明白，哲學是一個有效的方法，只要掌握哲學思辨的方法，就可以逐步解決個人的問題以及社會問題。原因無他，因為哲學就是揭示問題本質的一門學問。

正如先前所說明的，藉由「質疑」、「改變視角」、「重新建構」，並「用語言表達」，就能看清事物的真實面貌。人類面臨的許多問題，包括我們

個人的煩惱在內，癥結點其實都在於我們沒有理解問題的本質，或者對問題本質懷抱著誤解。

之所以會害怕某個事物，往往是因為我們不了解其本質。無論是鬼怪、人工智慧，或是未知世界，又或者在面對他人或社會的時候，都是如此。不過，一旦了解對象的本質，我們就可以不再害怕。哲學正好可以幫助我們做到這一點。

因此我誠摯建議各位運用哲學來解決問題。透過它，可以協助我們面對個人煩惱、日常問題，甚至是社會問題。接續前言中談康德對「成年」的定義，如果要用我自己的方式來詮釋康德的意思，我認為一個人是否真正成年，取決於他是否懂得運用哲學解決問題。

事實上，哲學之所以能夠發展至今，正是因為歷史上的哲學家就和各位一樣，也曾經面臨各種煩惱，努力想解決眼前困境。是的，那些會出現在偉人肖像畫或教科書上的歷史名人，年輕時也曾經和各位一樣面臨各種煩惱；為了解決這些問題，他們一路苦思，奮力和哲學搏鬥，這門學問才得以發展壯大。

日本作家野坂昭如曾經在廣告中唱一首歌，歌詞是：「蘇、蘇、蘇格拉底還是柏拉圖……」一時蔚為話題。雖然當時是我年紀太小，印象已經模糊，但這首歌至今仍是膾炙人口的名曲。

在這首歌中，野坂先生是這樣唱的：「蘇格拉底、柏拉圖[③]、尼采[④]、沙特[⑤]，都是經歷煩惱而成長。」雖然不確定這首歌真正的意涵，從哲學史的角度來說，這句歌詞卻是完全符合真實情況的。

舉例來說，蘇格拉底曾經做過石匠，也當過士兵，是一位再平凡不過的人。然而有天，突然有人說他是最聰明的人，這句話讓他感到困惑。為了確認自己是否真的是最聰明的人，他開始四處奔走與智者對談。據說他的妻子想勸他適可而止，希望別整天閒晃，而是好好去工作，為此曾經對他潑了一盆水。然而，蘇格拉底無論如何都想要找出這個問題的答案，也

---

③ 柏拉圖（Plato, 427-347 BC）：古希臘哲學家，蘇格拉底的門生。與蘇格拉底、亞里斯多德並稱奠定西方哲學基礎的「希臘三哲」。曾創「柏拉圖學院」。作品多為對話錄，著有《理想國》。

④ 尼采（Friedrich Nietzsche, 1844-1900）：德國哲學家、古典語言學家。著有《悲劇的誕生》、《查拉圖斯特拉如是說》。

⑤ 沙特（Jean-Paul Sartre, 1905-1980）：法國哲學家、小說家。存在主義哲學代表人物，二十世紀法國哲學、馬克思主義領導人之一。著有《存在與虛無》、小說《嘔吐》。

因為如此，最終他成為了劃時代的哲學家。

再舉同為古希臘哲學名家的柏拉圖為例，原本有志從政的他遭遇一番挫折，後來遇見蘇格拉底，又一步步建立起自己的哲學體系。十九世紀德國哲學家尼采則是為自己未獲應得的重視而煩惱不已，最終創造出一個以「自我」為核心的全新道德觀。同時，他也對當時受基督教支配的社會提出質疑，留下「上帝已死」的創見。

存在主義大師沙特在成長過程中也為了自身背景以及外表而深感困惑，同時受到當時戰爭等社會問題的影響，最終確立了探討存在與本質的存在主義哲學，使他成為二十世紀知識界的明星人物。

這些哲學家都有一個共通點：他們既懷抱著個人的煩惱，同時也關注社會問題。更重要的是，他們解決課題的方式，都選用了哲學這項工具，並且因此獲得成長。從這些實例就可以看出，哲學絕不僅僅是紙上空談，而是確實曾在歷史上幫助人們成長的工具。

——因為困惑而毫無困惑地成為哲學家，也因此不再困惑

「因為困惑而毫無困惑地成為哲學家，也因此不再困惑。」這句話是否聽起有點像繞口令？事實上，我自己在二十多歲時曾經抱有沉重的煩惱。

然而，當我接觸哲學後，我毫不猶豫地躍入哲學的世界。結果，煩惱就消失了。

我曾經在一間貿易公司上班，剛進公司不久便派駐臺灣。在臺灣，我目睹了改變當時社會的民主化運動，開始意識到日本社會其實也亟需改變。對當時的我來說，這是一件非常重要的事，彷彿令我終於覺醒。雖然我一直自認我們生活在一個和平富裕的社會，但如果仔細觀察的話，終究還是能察覺到社會結構裡隱藏著形形色色的問題。

於是，我就這樣衝動地辭去了工作。沒有任何專業能力的我，最終不

免陷入挫折。後來，我在二十多歲的後半段、將近五年的時間裡，只能靠著打零工度日，接下來，在還不到三十歲的時候，我開始把自己關在家裡足不出戶。當時的我，不要說解決什麼社會問題了，就連自己人生都無法應付。對我來說，那真的是一段十分辛苦的時光。

就在這個時候，我接觸到了哲學。

人在溺水的時候，就連一根稻草也會死命地抓住。對當時的我來說，哲學就是其中一根稻草吧。

年輕時，我一直認為哲學毫無用處，也從來不曾關注過。雖然現在我已經成為一名哲學專業的大學教授，但實際上，我是在三十歲左右才首次接觸哲學。等我真正投身這門學問的時候，已經是三十歲之後的事了。

無論如何，接觸哲學之後，我毫不猶豫地決定要走上研究的道路。就在我開始正式學習哲學之後，長久以來的困惑在轉眼間便消失了。不僅如此，就連面對以往盤據心頭的社會問題時，我也感覺自己漸漸有能力一點一滴地解決。

二十多歲時的我渴望擁有的能力，原來就是哲學。

從我的經驗不難看出，我確實相信哲學可以解決問題，還可以幫助我們成為成熟的大人。現在回想起來，接觸哲學之前的我，仍只是個未成年的孩子吧。

還記得，當時還在貿易公司上班的時候，我經常向主管或前輩詢問「這個要怎麼處理？」也因為這樣提問而經常被罵，得到的回應不外乎是「你自己先動腦想一想吧」。

離開職場之後，我也還是沒什麼長進。當時的我天真地以為，應該有人早就把改變社會的方法寫在什麼地方了吧！所以從未真正用心去思考。

但事實上，根本就沒有人寫過那樣的東西，這令我十分挫折。現在的我，當然已經清楚地知道，改變社會的方法是需要由自己創造的。

雖然現在的我還是會經常讀書，但我讀書的目的已經不是為了找到答案。如果期望在書中找到現成的答案，就表示自己還沒有脫離依賴外力的階段。讀書的目的，最終是為了尋找足以啟發思考的提示。當然，並不是只有書才能提供這樣的提示，但無論透過什麼管道，試著找尋提示是非常重要的。我們不妨從別人身上尋求靈感，尋找更多刺激大腦的線索，好讓我們能夠進行更深入的思考。

這裡所說的「提示」，並不是像電視節目裡的機智問答遊戲的那種提示。那種提示是由已經知道答案的人提供相關資訊，因此有時會讓人覺得不太公平，有一種被已經知情的人玩弄的感覺。但是，有別於電視節目，我們一旦面對生活中的煩惱或社會問題時，不會有人知道確切的答案。

因此，這裡所說的「提示」，指的是一個人「思考的視角」。我們之所以看不見答案，往往是因為我們只習於從同一個角度來觀看問題。為了能轉換角度，我們往往會需要書本或他人的幫助，以便驅動自己的智慧。

自從開始學習哲學以來，無論是閱讀書籍或與人進行對話，對我來說都等同於一種思考的過程。因此，如果高中有「哲學課」，無論是閱讀書籍也好、與人對話也好，都可以是訓練思考的方式。

然而，令人遺憾的是，我們並沒有這樣的課程。這是一個很大的問題，因為這表示在現行的教育體制中，我們並沒有付出心思，企圖培養學生思考的能力。

課堂小結

- 哲學就是揭示問題本質的一門學問。
- 歷史上的哲學名家，都懷抱著個人的煩惱，同時也關注社會問題。他們都選用哲學這項工具面對課題，因此而獲得成長。
- 讀書的目的，最終是為了尋找足以啟發思考的提示。
- 如果高中有「哲學課」，閱讀書籍、與人對話，都可以是訓練思考的方式。

3 哲學拯救世界

——高中生與哲學的相遇

先前我提到日本的高中並沒有哲學這門課程，但這樣的情況即將有所改變。從二〇二二學年度開始，日本的高中即將開啟一門名為「公共」的學科。這門學科涵蓋政治思考，也包含運用哲學的視角來思考社會問題。本書問世時，目前還處於摸索階段的「公共」這門學科，可能已經正式上路了吧。⑥

這樣的轉變將為高中生提供實質接觸哲學的機會。雖然我們以前有「倫理」這門學科，其中也談到很多哲學家的名字和概念，但課程的重心

⑥ 目前「公共」已明文規定為日本高中必修科目，內容包含原本的社會、倫理、政治、經濟。

仍然在於知識的記憶，而不是思考的能力。

除此之外，稍後我也會介紹，日本的高中教育將正式啟動一項計畫，名為「綜合探究時間」。這裡所說的探究，其實非常接近哲學性探究的概念。如果引導教學的方法得宜，這可能也會是一個帶領學生接觸哲學的機會。

衷心期盼這樣的機會能夠讓每一個高中生都能夠喜歡上哲學，並將其作為一個活用思考的工具。

就像其他工具一樣，每一個工具都有其目的。哲學這個工具的目的，就在於讓生活更加美好。藉由思考，我們可以讓日子走向更幸福的方向，更正確地行動，讓社會更趨近理想。這就是我對哲學的理解。

更重要的是，透過思考，除了能夠改變自己，還可能進一步改變世界。如果只有自己改變，世界卻完全沒變，那麼想要擁有美好生活的心願，自然就淪為一種奢望。

舉個例子，當我們看見貧困的人，我們會怎麼做呢？我們可能會選擇視而不見，但經過一番思考之後，我們可能會決定伸出援手，因為我們認為提供幫助，才是正確的行為。這個行動表示我們改變了自己。然而，僅僅只是改變自己、伸出援手，並沒有真正解決問題。

即使我們能夠幫助眼前的這個窮人，可能還有其他人同樣在貧困中掙扎。而且，過了一段時間之後，接受我們幫助的這個人，也可能再次陷入貧困。換句話說，如果我們不改變導致貧困的社會本質，問題就無法真正得到解決。

這些都是我們必須考慮的問題。這也是為什麼我說，哲學是一種工具，可以讓我們實現更美好的生活。從這個角度來說，與哲學的相遇，就等於是讓自己有機會與一個從未見過的美好世界相遇。

因此，我們絕對不能錯過這個寶貴的機會。日本的高中生即將有機會在學校課程中接觸哲學。雖然課程名稱不見得是「哲學」，可能是「公共」

或「探求」之類的，而且我們也還不確定課堂上會不會強調「哲學」這個名詞，但無論如何，我希望各位能夠記得，在校園裡確實有可能與哲學相遇，希望各位不要錯過這個美好的機會。

至於還在就讀國中的各位讀者，不妨期待上高中之後與哲學的相遇。也或許現在的國中課程裡，已經開始實質導入類似哲學的課程內容，即使課程的名稱不見得是「哲學」或「公共」。

目前的中學教育與從前相較，不僅注重思考力、判斷力，也注重表達能力，追求更全面的提升。從某種意義來說，這也是為日後的哲學思辨所做的準備。雖然說是準備，其實不需要特別做什麼事，只需要保持靈活的思維，練習將思想用言語表達出來，並學會在主張自己意見的同時，也兼顧與他人和諧共處，光是能夠做到這樣，就已經非常理想了。這對即將到來的高中生活，以及未來，都有莫大的助益。

—用哲學改變世界

我們剛剛談到，只要活用哲學，有望能讓世界變得更美好，但事實上，目前世界面臨的問題可說是堆積如山。因此，我認為我們需要大大地改變世界。如果透過哲學能夠實現這一點的話，那真的是太值得了。

為什麼這麼說呢？因為一般而言，如果想大幅度改變世界，可能會需要發動革命，或者進行多次科技創新研發，但這些都不是容易的事。相形之下，將哲學思辨獲得的想法，落實於社會，就不是那麼困難的事。

然而，為什麼我們一直無法實現這一點呢？

可能是因為我們實際面臨社會時，問題意識不足，又或者我們並未真正理解哲學的功用，也有可能兩者皆是。幸好，由於時局的困境以及新冠肺炎疫情的影響，愈來愈多人開始深刻體認到，世界確實需要大幅度的改變。

所以，接下來我只需要說服你，哲學確實有能力拯救這一切。同時，我還主張，年輕人將是學習哲學並改變世界的主要推動者和執行者。沒錯，從未成年時期就開始學習哲學的各位，將在成年後拯救這個世界！請不要感到驚訝，我真心這麼認為。

我寫這本書就是抱著這樣的使命感，希望將這些想法傳遞給各位。僅僅靠一本書就期盼能夠改變世界，聽起來有些荒謬，但十八世紀哲學家盧梭⑦就曾在著作《社會契約論》中，呼籲人民參與政治。這本書影響十分巨大，甚至進一步帶動了法國大革命。

這就是為什麼我會相信哲學的力量。

希望本書讀者，無論男女老少，只要是對社會懷抱理想的有志之士，都能夠站出來改變這個世界。當然，我並不是在提倡革命，我只是盼望各位都能體認哲學的重要性，並且相信哲學不只能幫助我們解決個人煩惱，還能為社會帶來改變。

---

⑦ 盧梭（Jean-Jacques Rousseau, 1712-1778），十八世紀出身日內瓦的法國哲學家，論文《論人類不平等的起源與基礎》奠定其哲學史地位，《社會契約論》主張主權在民，可謂當今民主制度的啟蒙，間接影響了美國《獨立宣言》與法國《人權宣言》。

⑧ 齋藤幸平（1987-），日本哲學家、馬克思主義研究者。著有《從0開始讀資本論》等書。

⑨ 馬克思（Karl Marx, 1818-1883），十九世紀德國哲學家、社會學家、經濟學家，著有《共產黨宣言》、《資本論》，對二十世紀以降政治、經濟、人文學科皆有巨大影響。

最後，讓我舉個最近的例子。經濟學家齋藤幸平[8]提出了對十九世紀德國哲學家馬克思[9]思想的新詮釋。馬克思因主張平均分配財富的社會主義而聞名，但齋藤幸平認為馬克思的思想不僅如此。

透過研究形形色色的資料，我們發現馬克思實際上非常關心環境問題，並主張人類應該停止追求無止境的經濟成長，以保護地球環境，創建永續生存的社會。

齋藤先生在新書發表的記者會上說了一段發人深省的話。

他說，如果這個記者會的主題是關於最新研發的新冠疫苗，可能會引起社會更大的關注，但事實上，資本主義正是疫情爆發的原因之一，而共產主義卻可能是對抗資本主義的「疫苗」，也是他的新書想要談論的主題。

總而言之，科學家改變世界的方式，可能是研發疫苗來控制新冠病毒，而哲學改變世界的方式則是改變導致這一切的社會結構。從某種意義來說，哲學可能是更根本的解決之道。無論各位是否有志於科學或其他領域，希望你們都能夠記住，透過哲學來改變世界、拯救世界，是一件深具意義的事。

課堂小結

- 如果只有自己改變，世界卻完全沒變，那麼「美好生活」自然就淪為一種奢望。
- 與哲學的相遇，就等於是讓自己有機會與一個從未見過的美好世界相遇。
- 年輕人將是學習哲學並改變世界的主要推動者和執行者。
- 哲學改變世界的方式，是改變導致這一切的社會結構。

第二章 給煩惱的你，十八歲的哲學入門

課業壓力、人際關係、與家人的相處……
這麼多的煩惱，哲學家怎麼看？

1 為何不喜歡學習

——學習是什麼？

我們先從哲學的角度來思考年輕讀者可能面臨的煩惱。換句話說，本書將會示範如何運用哲學來實際面對人生難題。

不過，正如先前提到的，我們不應該從書本去尋找人生煩惱或社會問題的答案。那些答案也許適合某個人，但不見得適用於每個人的情況，因此終究還是應該靠自己找出答案。我所能提供的，只有提示幾個思考的角度而已。

首先，讓我們從「為何要學習」這個問題開始吧。

在思考為何要學習之前，我們必須先理解所謂的「學習」究竟是什麼。這是哲學的基本態度：應該先確定問題的來龍去脈，以及關鍵字的本質，接著再思考其原因與是非。

按理說，我們必須先釐清事物的本質，再去思考好壞或者需要與否。然而在日常生活中，我們卻經常跳過這些最根本的問題。這就像是在對新冠病毒一無所知的狀態下，卻試圖探討如何建立防疫政策。可是，如果我們不先理解我們面對的是什麼，我們如何能夠制定對策呢？

不僅僅是面對新冠病毒，面對其他問題時，我們往往也會犯同樣的毛病。雖然，在遇到疫情的時候，每一個人都是第一次面對病毒，但我們可能都在用一種彷彿已經很熟悉它的語氣討論病毒。就好像我們習以為常地在日常使用「學習」這個詞彙，以至於我們可能自認自己已經很理解「學習」的含義。

然而，真的是如此嗎？所謂的學習，究竟是什麼呢？各位能夠立即回答嗎？

各位可能會回答，學習不就是就是獲得知識嗎？這個答案確實也沒錯，但這只是學習的其中一個面向而已。那麼，學習的本質是什麼呢？如同本書前面提過的，為了找到答案，我們必須先質疑自己大腦中既有的觀念。

我們可以先試著假設，學習的含義可能不僅僅是獲取知識而已。接下來，換一個角度來重新思考同一個問題。

例如，來思考在學校課堂裡的學習過程，都做了些什麼吧。在課堂上，我們必須一直待在座位上聽老師講話，因此這個過程一方面也培育了忍耐的能力。另外，在學校的學習不僅僅是獲取知識，也包括學會解決問題的方法，以及如何調查資訊等技巧。

那麼，從家長的角度來看，學習又是什麼呢？當然，家長都希望孩子能夠在學習過程中獲得知識，然而「學習」這個行為，似乎同時也被視為只要有在學習或讀書，就等同於「孩子可以乖乖聽話，不要搞出奇怪花招」。總而言之，好像只要看到孩子在學習，家長就可以放心。至於孩子究竟學到了什麼，似乎反倒不是那麼關鍵。

從社會的角度來看，所謂的學習還有一個意義，就是讓孩子們進行為了未來自力更生而準備的培訓。如果不好好學習就出社會，能做的事情恐怕極為有限，甚至可能連獨立思考、陳述意見都做不到。

此外，日文中的「學習」一詞（日文漢字寫為「勉強」）有時也有「折扣、降價」的意思，意即商家必須要更加努力、降低價格才能符合顧客的需求。從這個角度來看，學習也包含「努力做某件事」的意思，畢竟任何學習，都需要以努力做為基礎。

透過不同的視角重新思考「學習」這件事，各位應該已經逐步發現，學習的含義並不僅僅是我們原本直覺反應想到的「獲取知識」而已。再質疑了大腦中的既有想法之後，接下來，我們可以嘗試「重新間奏視角」這一步，找出這些觀點的最大公約數，看看會得到什麼結果。

綜合我個人的觀點，學習是一種努力的過程，可以幫助我們順利地生活在這個社會。更具體而言，我們可以說，「學習是為了生存所做的努力」。現代人對於離開學校、在社會中所經歷的一切，也常稱之為「學習」。人生本是一連串的學習。

如果在重新建構視角之後，將學習重新定義為「為了生存所做的努力」，我們內心還會有不願學習的想法嗎？恐怕連自己都會對這種抗拒的想法感到不可思議吧？相信大多數的人都會為了生活下去而努力，但不肯學習或討厭學習的人卻依然大有人在。這個抗拒的想法背後應該還有其他原因。

簡而言之，原因可能出在學習的方法。如果是這樣的話，不僅僅是年輕學子需要改變，連學校也必須進行改革了。學校應該更明確地界定學習的定位，讓孩子們可以開心積極地投入學習，這是我們應該努力的方向。

既然這個社會要求孩子們必須學習，社會就應該承擔起一定程度的責任。如果孩子們不喜歡學習，那不是他們的錯，而是建立制度的大人的問題。成人讀者聽到我這麼說，內心應該很不是滋味吧。我自己也是成人，能夠理解這種感受。

但是，我相信各位年輕讀者即使聽到這樣的說法，應該也不至於說「我之所以討厭讀書學習，都是大人的錯，所以我不想努力了」。因為現在各位都已經意識到會抗拒學習並不是自己的錯，也不是因為自己腦袋不好，而只是由於學習方法出問題。明白了這一點之後，難道不覺得備受鼓舞、獲得滿滿勇氣嗎？

必須要先如此相信，否則，我們無法重新定義「學習」。成人應該要相信孩子，孩子也必須再次相信成人。因為學習是一項由大人和孩子共同參與實現的國家大計。

——如何改變學習方法？

孩子們一旦厭惡學習，造成的損失不僅僅是孩子自己的，家長和社會也會受到影響。最終，孩子們成年之後也會面臨困境。只要明白這一點，大家就應該要積極往改變的方向前進才對。

是的，這是眾人必須攜手協力的一件事。還在中學就讀的各位讀者都是有學習義務的當事者，同時也是未來的成年人，希望各位可以一起思考這個問題。

前文提過，學習是為了生活所做的努力。這句話絕不僅指孩子們，每一個成年人，和整個社會，都同樣是這句話的主詞。除了指每一個成年人和整個社會都應該要持續學習之外，更重要的是，讓孩子學習，是為了讓成年人能夠生活下去，也是維持社會存續的關鍵。換句話說，當今社會應當更加努力地幫助孩子們學習，這才是我所謂「為了生活所做的努力」真正的含義。

現在，人們終於體認到這一點的重要性，因此社區學校逐漸擴展，也有愈來愈多的課程不再囿限於校園，轉以社會為場域，引導學員如何解決社會課題。

學習是每個人的事情，仰賴每個人的參與，因此，單單把學習的責任丟到孩子們身上，是無法解決問題的。

那麼，具體而言應該怎麼做呢？這個問題看似困難，事實上，答案就在學習的本質當中。

哲學的意義就在於揭示事物本質，從而看見答案。只要先理解本質，答案自然會浮現。

既然學習的本質是為了生活所做的努力，為了生存，那就是一件不得不做的事情。並且應該檢視過去的經驗，努力將學習變得有趣，令人樂於投入。

如果過度專注於目的，可能容易忽視改變學習方法此一關鍵。

有些理論認為人類本來就是以遊戲為優先的。荷蘭歷史學家惠欽格[10]認為，人類的本質是「遊戲人」。此外，美國哲學家艾力．賀佛爾[11]也曾經說：「早在人類創造陶器之前，人類就已經先為了好玩而創造陶偶。」

因此，當我們把「學習」定義為生存所需的努力時，也別忘了重視學習的樂趣。近來以「課題解決」為主題的學習趨勢與此相符，知識並不是漫無目地學習，而是應該學習解決具體問題所需的知識。

按理說，這樣應該會更激勵人們積極學習吧。但令人遺憾的是，這樣的學習似乎依然不夠有趣，這或許是我們往往用過於認真的心態看待學習而造成的結果。

某方面來說，這或許也是為什麼與美國相較之下，日本比較不容易創新的原因之一。

或許創新有各種面向，無法一概而論，但至少就現況來說，智慧型手

⑩ 惠欽格（Johan Huizinga, 1872-1945），荷蘭歷史學家、語言學家。著有《遊戲人》（Homo Ludens），主張遊戲在人類建立文明的過程中扮演重要角色，人既透過遊戲培養技能，也在遊戲中學習思考。

⑪ 艾力．賀佛爾（Eric Hoffer, 1902-1983），美國哲學家，人稱「工人哲學家」，著有《群眾運動聖經》。

機與網路相關的新創事業，此類在此時代最具創新精神的產業，主要發展於美國，這點是無可辯駁的事實。

這種較具創新精神的態度，或許多少受到了美國人樂觀幽默心態的影響。我曾經在美國生活過，美國人經常半開玩笑地幽默打破常規。

相比之下，日本人的民族性似乎相對比較避免偏離秩序，開玩笑的時候也是小心翼翼，顧慮周遭空氣。

在這種心態下，要求大家創新，也是強人所難吧。因此，在學校的學習過程中，為了提升樂趣，我們不妨積極讓校園生活在各種層面上突破現有常規。

當然，我並不是主張打破一切制度，讓校園陷入無秩序的混亂，而是需要包括教師在內的所有人都同意讓校園生活獲得某種改變，並讓大家在獲得共識的範圍內樂於享受學習。這樣的運作其實仍建立於秩序之上。

更重要的是，在真正需要大刀闊斧、追求創新的時候，如果仍欠缺足以應對創意需求的靈活度，或心態仍過於嚴肅，可能無法達成追求創新的目的與需求，反而造成另一種失序。

因此，無論大人或孩子，如果每個人都能意識到樂趣在學習過程裡的重要地位，這個社會現有的學習方式與學習環境將能獲得很大的改變。首先，就讓我們先試著以享受樂趣的心情，投入學習吧。

課堂小結

- 學習是為了生存所做的努力。
- 學習是一項由大人和孩子共同參與實現的國家大計。
- 當我們把「學習」定義為生存所需的努力時，也別忘了重視學習的樂趣。
- 真正需要大刀闊斧、追求創新的時候，如果欠缺足以應對創意需求的靈活度，或心態仍過於嚴肅，可能造成無法達成追求創新的目的與需求。

2 霸凌問題為何無法消失

——霸凌是什麼？

不管在哪個時代，想必都存在霸凌問題。當然，隨著時代背景的不同，霸凌案件的數量可能多少有所增加，特別嚴重的事件也會受到大眾關注，以致於現代彷彿達到霸凌的高峰期。但這或許受到案例調查手法改變的影響，也可能是媒體報導的擴散造成的印象。

然而事實上，霸凌問題是無論如何也不會真正消失的。為什麼呢？這就是人類的本性所導致的必然結果吧。在推斷結論之前，先讓我們思考所謂的霸凌，其本質究竟是什麼。

一般認為霸凌是許多人集結起來聯手攻擊一個人的行為。像是班級中的霸凌、職場上的霸凌等等。但霸凌並不一定侷限於「多對一」，也可能像老員工仗勢欺負新人那樣「一對一」的霸凌。

重點是，其中一方擁有壓倒性的較強地位或力量，而另一方處於只能挨打、無法還手的被害狀態。同時，霸凌並不僅限於肢體的暴力，言語暴力或刻意忽視的冷暴力，也是霸凌常見的手段。

因此，霸凌不僅僅是對於身體，對心靈也會造成傷害，這是霸凌最大的特徵。在日文中，我們經常用「陰濕」一詞來形容霸凌行為。

「在背後說人壞話」，在日文裡寫為「陰口」，其中的「陰」已經明確傳達了這個字的內涵，因為陰口，也就是在當事人不在場的情況下，說當事人的壞話，貶損其形象，這確實如字面上的意思，是典型的陰險手段。有人認為嘲笑和戲弄是霸凌的開始，但這種行為終究至少還是在當事人面前公開進行。

如果是在當事人面前，即使說的話不中聽，也遠比在背後說人壞話還好得多。至少當事人還看得見對方的攻擊行為，還有機會當場反駁。但如果是遭人背後中傷，當事人是看不見對方，也沒機會親眼看見攻擊行為。

因為未知，所以形成了一種難以想像的恐懼。如果不知道攻擊的源頭，根本就無法反駁。這樣的行為真的太卑劣了。遭受看不見的敵人攻擊，必然會承受相當大的壓力，受害者的心靈往往就這樣被撕裂，而這正是霸凌者所期望的。

我經常形容霸凌就是將一把刀子刺入心靈，就像直接刺入心臟一樣殘酷。實際上，確實有人因為心靈受傷而輕生，因此，「刀子刺入心臟」這樣的形容一點也不誇張。多數情況下，霸凌者只是動動嘴巴而已，因此他們可能覺得這沒什麼大不了，但實際上他們是在往別人的心裡插入刀子，每個人都應該要意識到這是多麼殘酷的一件事。

既然霸凌如此卑劣又危險，為什麼依然如此猖獗，而且無法完全杜絕呢？這就是問題所在。

每當我思考霸凌問題時，總是會想起英國思想家湯瑪斯．霍布斯[12]的「萬人的戰爭」。霍布斯認為，如果對於人類放任不管，人類有一天終究會為了滿足自己的欲望而開始互相鬥爭。這就是「萬人的戰爭」，也就是萬人對萬人的戰爭。根據他的想法，人們應該一齊將權力交給統治者，以消除這種鬥爭。

為了消除人與人之間的鬥爭，而將權力交給統治者，這確實也是一個可行的方法。從某種意義上來說，國家正是基於這樣的機制來運作的。不僅僅是國家，學校也是如此。學生們將一定的權力交給老師，在老師的管理下遵守規矩。也因為老師保持警覺，霸凌事件才不致發生。按理說，原本應該是這樣才對。

那麼，為什麼霸凌問題仍然存在呢？由霍布斯的「萬人的戰爭」觀點來看，我們可以想像兩種情景：一個是「看守人的逃避」，另一個則是「萬人

---

⑫ 湯瑪斯．霍布斯（Thomas Hobbes, 1588-1679）：英國政治哲學家，西方政治哲學發展的重要奠基者。著有《利維坦》。

的逃避」。

按理說，老師應該善盡看守人的職責，管理學生，以避免學校出現「萬人的戰爭」。然而，卻有許多老師對霸凌問題視而不見。霸凌事件曝光後，我們也經常看到校方尋找各種藉口，聲稱他們的調查顯示並沒有霸凌問題的存在。這很明顯是應當負責秩序管理的看守人，逃離了自己的崗位，也就是我說的「看守人的逃避」。

那麼，「萬人的逃避」又是什麼意思呢？如果老師和校方都不管用，那唯一有機會阻止霸凌的，就只剩下校園內的學生自身了。然而問題就在於，除了加害者、被害者之外，其他學生如果都只成為旁觀者，同樣有對問題視而不見的狀況存在。

這麼一來，霸凌問題根本就不會消失。如果有人能對加害者說「你的行為很卑劣」或「你是錯的」，或許可以阻止這種刺傷心靈的行為。然而，如果所有人都逃避，就完全沒有人能夠阻止霸凌事件的發生了。

在這種情況下，如果真的想要消除霸凌問題，恐怕只能將權力交付給更強大的一方，例如安排警察進駐校園，或在校園各處安裝監視攝影機等等。如果真的走到這一步，應該會有人抗議自由和隱私被侵犯吧。然而，如果每個人都繼續逃避眼前的霸凌問題，犧牲既有的權利恐怕也只是不得已的做法。特別在霸凌問題層出不窮的現代，我們可能已經走到了這一步。

——現代人的心理病態：優越感與炎上

最近，或許不只我一人感受到，社會因為新冠疫情而變得緊張不安。實際上，全球各地都出現了各種對立。在美國，種族對立的激化導致BLM運動⑬在世界各地蔓延。在日本，也有所謂的「自肅警察」問題⑭，也就是針對染疫者的歧視，以及對疫情期間持續營業的店家進行騷擾。疫

⑬ Black Lives Matter，「黑人的命也是命」，由美國非裔族群發起的運動，反對社會結構性的種族歧視問題。

⑭ 意指新冠肺炎疫情期間，在政府頒布外出限制或營業禁令的情況下，一般民眾自發性地監管或攻擊違反禁令的個人或商店的社會現象。

情期間，甚至在家庭內的暴力行為也有增加的趨勢。

在情勢緊繃的大環境之下，弱勢者往往容易被當作情緒發洩的出口。我們常聽到「優越感」這個詞，也就是指試圖讓自己站在比對方更優越的立場。這樣的心態之所以普遍，主要還是因為內心不滿足所造成的吧。

如果從這個角度來觀察，就能看清楚現代人為何如此渴望優越感。現代社會，幾乎每個人都懷抱著各種不滿的情緒。我們的社會正處於一個高度成熟的階段，經濟的大餅逐漸縮小，人們彷彿愈來愈難看到未來的希望。在這樣的情況下，新冠疫情的大流行無異於讓狀況雪上加霜，使得人們原本就很浮動的情緒沸騰至巔峰。

這麼一來，就會需要一個出口來釋放這些不滿情緒，而加害者傾向選擇能夠讓自己獲得優越感的對象作為攻擊的目標，這種狀況往往容易導致霸凌事件。當然，霸凌的主因還是在於看對方不順眼，這麼一來，比較引人注目或作風特殊的人就容易成為被霸凌的對象。

一般而言，霸凌一個態度相對強勢的人，並不是那麼容易，因此加害者通常會針對那些比較柔弱乖順的人。

如果眼前沒有比較好欺負的對象，或者霸凌者的心態扭曲執著，即使對方很強大，他們也會先想辦法孤立對方，使其處於弱勢地位，可以說是為了欺凌一個人，不擇手段到如此地步。這種先孤立再攻擊的做法，自古以來就有，但如今似乎變得更加普遍。

無論在網路世界或現實生活，肆無忌憚的集體暴力行為已經愈來愈猖獗。社群媒體的「炎上」現象便是其中一例。一旦在網路上有人鎖定目標，率眾發動攻擊時，來自全國各地的網路鄉民便會群起而攻，即使這些人可能與當事人之間根本無冤無仇。更嚴重的是，許多鄉民是在根本不了解來龍去脈的情形下就衝動攻擊。不，應該說，會在網路上跟著群眾言語攻擊的人，大多數都只是因為有樣學樣，隨之起舞，其實根本就不了解事實原貌和當事人吧。

這種性嗜優越感以及喜歡圍觀炎上好戲的社會現象，無疑已是現代人一種普遍的心理病態，這種心態也為本就常見的霸凌問題火上澆油，我們應該對此深深警惕。

課堂小結

- 如果對於人類放任不管，人類有一天終究會為了滿足自己的欲望而開始互相鬥爭。
- 為什麼霸凌問題仍然存在呢？由霍布斯的「萬人的戰爭」觀點來看，我們可以想像兩種情景：一個是「看守人的逃避」，另一個則是「萬人的逃避」。

3 與周遭的相處之道

——朋友是什麼？

在小學之前，交朋友是一件再自然不過的事，隨著年齡增長，這件事彷彿愈來愈困難。成年後，想要結交朋友就必須付出更多的心力。因此，當我們提到「朋友」，通常我們是指童年時代的朋友。我自己本身就是如此。

為什麼交朋友會愈來愈困難？其實這與「朋友」一詞的含義有關。對各位來說，朋友是什麼呢？是玩耍的同伴？還是能夠愉快相處的對象？又或者是教我們念書或運動同儕？無論哪種情況，朋友都是和我們一起做某件

事的夥伴。

「一起」做某件事，就意味著需要配合對方，即使彼此之間是單向的教學關係也一樣。要配合對方、顧慮他人的時候，是不是首先會在意對方的感受呢？這就是重點了。隨著我們成為中學生、高中生、大學生或社會人士，在每個階段，我們在意彼此感受、顧慮他人的方式也會隨之不同。

由此我們也能意識到，即使是朋友，也是一種需要顧慮彼此的關係。或許很多人在小學或中學的時候從未考慮過這些事情，然而隨著時間推移，年齡漸長，情況也會跟著改變。

進入社會之後，面對剛認識的朋友，我們可能開始會猶豫交談時怎麼措辭比較好？是否該用敬語？突然打電話不知道是否會造成對方的困擾？年輕讀者聽來可能會覺得不可思議，如果要顧忌這麼多，還稱得上是朋友嗎？當然，只要是一起做某件事的對象，稱之為朋友應不為過。然而，如果要追問彼此之間是不是「真正的朋友」，恐怕就不容易定義了。

對你來說，朋友是什麼？你或許有很多朋友，但你心目中「真正的朋友」有多少呢？若是對彼此非常熟悉的知心好友，恐怕屈指可數吧。我所說的「真正的朋友」，就是像這一類的友誼。

在這個時代，即使是只在社群媒體來往的對象，也能稱為朋友了。因此我們有必要更明確地認知朋友的真正含義。那麼，接下來一起討論看看，什麼樣的人才算是真正的朋友呢？

古希臘哲學家亞里斯多德⑮將友情稱為「Philia」。由於「Philia」一詞具有「愛」的意思，因此在這裡我們先稱之為愛，此處的愛又可分為三種：「有用之愛」、「愉悅之愛」、「善意之愛」。

「有用之愛」是因為對方有用，才與對方相處，就像是前文談到可以教我們念書或運動的這類「益友」。

「愉悅之愛」是指雖然沒有明顯的利益關係，但與對方相處時心情輕鬆愉快的人際關係。這樣的關係，表面看似無可厚非，但某種程度上來

⑮ 亞里斯多德（Aristotle, 384-322 BC）：古希臘哲學家，為西方哲學首度建立廣含倫理道德、美學、邏輯、形上學的廣泛學問系統。著有《形上學》、《詩學》、《修辭學》、《物理學》等豐富著述。

說，聽起來也可能會像是將對方當成取悅自己的某種工具。

這樣的友情可能不是真正的友情。因為一旦某天對方不再「有用」，或者不再令人「愉悅」，這段友情也許就會隨之消失。

相對而言，第三種「善意之愛」是指衷心期盼對方得到幸福。這是一種在對方有困難時會付出關心的關係，而不是為了得到什麼好處。即使平時不常見面，相聚時也能愉快相處。

亞里斯多德認為，友情意味著將對方視為與自己相同的人。正因為覺得對方與自己相似，我們便不會有過多需索，反而會因對方遭遇困難而感到憂慮。我非常鼓勵各位也能找到這樣的朋友，而且最好在學校時就能遇見這樣的友誼。成為大人固然是一件好事，但成為大人之後，建立友誼的門檻也愈來愈高。「善意之愛」與成年人之間的禮貌式顧慮，雖然看似都同樣關懷對方，意義卻完全不同。

然而，成年人之間互相顧慮對方的基本禮貌，也是很重要的態度。這是良好運作人際關係時的必要能力。如果做不到這一點，不僅難以結交朋友，工作可能也無法順利進行，人際關係難以和諧。因此，最理想的做法，就是年輕時結交真正的朋友，成年後對周遭多一份禮貌與顧慮，與他人圓融相處。

當然，成年後建立真正友誼的可能性也是很大的。我自己也在成年後結識了幾位知己，雖然可能需要付出長久的時間積累感情，但這樣的友情卻往往變得更加深厚。

——對外表的過度關注

現代人從很小的時候就開始注重外表，早一點的可能從小學高年級開始，最遲的也差不多從高中時期就開始了。除了服裝和髮型，也需鑽研如何擁有符合潮流的面容和身材。如今已經是男性也開始接受化妝和美容的時代了。

對我來說，現代人太過於關注外貌了。事實上，人類對美的感知是本能的，時尚流行也一直作為文化的一環，蓬勃發展至今，然而，一旦這種文化進入消費社會時代，狀況就變得不可控制。

正如法國思想家布希亞⑯所說，在消費社會中，我們所消費的其實都是「符號」。換句話說，就算產品的功能不變，只要外觀和品牌不斷更新，就會讓人想要擁有它們。

因此，只要現代社會成為過度消費的社會時，就必然也會導致「過度關注外貌的社會」。當大眾普遍過度關心外貌，極端者還會試圖改變自己天生的容貌與身材。如今，藉由醫美改頭換面已經不是難事，人們很容易就能夠改變自己的五官或體型。

有些人會削掉臉部骨骼，有些人甚至會拔掉肋骨，微整形是個人自

⑯ 布希亞（Jean Baudrillard, 1929-2007），法國哲學家、社會學家，人稱「後現代主義牧師」、「後現代大祭司」。著有《物體系》、《符號的政治經濟學批判》等，主要探討符號、消費社會、後現代溝通理論。

由，但有些可能已經做得太極端，特別是有的整形手術可能必須冒著生命危險進行。

這已經不僅僅是一句「消費社會」就能夠說明的現象，還有其他因素也包含其中。最近，倫理學界出現了「外貌主義」(Lookism) 一詞，指的是根據外貌產生的偏見和歧視。外型具有優勢的人會得到各種優待，獲得更多紅利，而外貌缺乏吸引力的人則相對較不利。

當這種現象在社會蔓延時，每個人理所當然都會開始想要整形吧。畢竟無論是經濟方面或心理方面，整形早就已經不是難以實現的事。然而，這樣究竟是好還是不好，需要我們進一步思考和討論。

整形技術再怎麼發達，身體的某些部分可能還是沒辦法改造的，例如身高可能就無法輕易改變。在這種情況下，身高差人一等的，難道就必須一輩子抱著自卑感度日嗎？同時，追求理想容貌、否定自己與生俱來的外表特質，可能也是一個問題。如果這個改變是做得到的，而且可以讓人們更幸福，當然也是一件美談。但如果每個人都因此整成了相同的臉孔和身材，每一個人身上具備的獨特個性又將何去何從呢？

可能有人會說，外表或許有相似的地方，但內在還是不同的。然而，過度關注外表的心態可能終究會影響我們的內在，這才是最大的問題：如果自認一定要和其他人一樣，或者自認必須比其他人更出色，這樣不斷拿自己與他人比較的執念，將會逐漸剝奪我們的獨特性。如果內在才是真正影響勝負的關鍵，那麼按理說，一開始應該不至於那麼在意外表才對。

過度關注外貌的大環境最終可能導致一個令人感到孤獨的社會，因為每個人都失去了自己的獨特性，無論外表還是內在。為了避免這個社會走上此路，我們需要更積極鼓勵人們對自己天生的樣子驕傲，並樂於接受自己的真實面貌。

就像有些名人因不染白髮而受到讚揚，也有些身材肥胖的藝人毫不忌諱地自稱豐腴身材是自己個性的展現，同樣也能夠得到眾人的讚賞。想必這是因為在他們的內心深處，都確實認同自己原本的樣子才是最好的樣子吧。各位不妨也試著聆聽自己內心深處的想法。

課堂小結

- 即使是朋友，也是一種需要顧慮彼此的關係。
- 亞里斯多德認為，友情意味著將對方視為與自己相同的人。
- 如果每個人都整成了相同的臉孔和身材，我們每一個人身上具備的獨特個性將何去何從？
- 過度關注外貌的大環境最終可能導致一個令人感到孤獨的社會。

4 家庭是麻煩而美好的

——家庭是什麼？

不知該說是疫情的錯還是托疫情的福，無可否認的是，新冠病毒帶來的疫情確實成為我們重新思考家庭意義的契機。

由於自我隔離和遠距工作的緣故，家庭成員相處的時間增加了，彼此的關係也因此更加緊密。

然而，拉近距離的同時，難免會有讓人無法喘息的時候，家庭衝突也因此而更多。就像本書關於霸凌的篇章所提到的，現在的家庭暴力案例也有增加的趨勢，這恐怕是因為社會整體壓力普遍提升，而家庭中原本就處

於弱勢立場的人順勢成了壓力宣洩的對象。

或者我們可以說，這些家庭原本就潛藏著問題，只是疫情剛好讓這些問題浮現出來罷了。事實上，家庭成員之間的犯罪率相對較高。或許這也是理所當然的，因為家人就近在身邊。

我們往往會認為家人是彼此相愛、互相幫助的存在。雖然，根據經驗，我們應該明知道這個想法不一定成立，因為家家本來就有本難念的經。但當我們遇到自己的家庭問題時，卻往往認為只有自己家發生這種事。然而，這只不過是別人家的草皮看起來總是比較綠而已。別人的家庭看似沒有狀況，只不過是因為我們看不見他人家裡真實的情況。

沒有人會刻意對外宣揚家醜，每個人都傾向於隱藏自己家裡的問題，如果不這麼做，可能會為每個成員帶來困擾。舉例來說，即使只不過是丈夫和兒子陷入嚴重爭吵，妻子也可能會試圖遮掩，以免女兒在學校受到指指點點。

這也反映一個事實，那就是每個家庭都被社會視為一個共同體。會替彼此粉飾太平的每個家庭成員，想必也都意識到這一點，才會這麼做。因此，無論是愛或憤怒等各種情感，成員們都容易只在家庭內部表露出來。

一般而言，這種情緒流瀉可以維持某種巧妙的平衡，但在疫情大流行的非常時期，或許有稍微調整的必要。

家庭是一個封閉的群體，一旦出現問題，問題很可能持續惡化。如果有一個向外的出路，或許問題可以得到解決，但如果連這樣的出口都被封死，令身在其中的成員無處可逃，情況就會變得難以收拾。疫情高峰時期，我認為許多家庭的情況可能就是如此。

在家庭陷入危機時，家庭這個共同體的脆弱性被公之於眾，無疑是令人傷心的。然而，這並不表示家庭面臨崩潰。正因為我們了解這些弱點，我們才能夠度過這場難關，從而使家庭成員間的情感聯繫更加牢固。

近代德國哲學家黑格爾⑰曾說過「家庭是愛的共同體」。黑格爾認為，家庭是一個充滿愛的地方，包括夫妻之間的愛，也包括家長對子女的愛。有了這樣的力量，無論發生任何事情，相信最終都能夠克服。家庭可能很麻煩，但同時也很美好。能夠讓我們將這些看似不可調和的矛盾融合在一起的，正是愛的力量。

── 家庭形態的多樣化

剛才我們談到黑格爾的家庭論，然而在大約相隔兩百年之後的今天，家庭觀念已經有了重大的變革。

黑格爾談論的是由一夫一妻以及子女所組成的家庭，也就是所謂的近代家庭觀。

然而，目前我們所處的現代社會，已經走過二十一世紀的五分之一，

---

⑰ 黑格爾（G. W. F. Hegel, 1770-1831）：德國哲學家，十九世紀唯心論哲學代表人物之一。著有《精神現象學》、《大邏輯》。

家庭的形式也已變得多樣化。

在這樣的背景下，勢必有人為了各式各樣前所未有的問題煩惱著吧。所謂的「單親媽媽」或「單親爸爸」已經不再是具有負面意義的詞彙，同性伴侶也已經可以共組家庭、養育子女了。在我年幼的時候，單親媽媽的家庭被稱作「母子家庭」，當時甚至還沒有「單親爸爸」一詞。至於獲公開認可的同性伴侶少之又少，更不用說養育孩子，在當時根本是無法想像的事。

然而，現在這些家庭樣貌已經不再讓人感到驚訝。在國外當然早已不足為奇，日本雖然保守，仍有這麼多人堅守傳統觀念，家庭概念的多元化卻也正在發生。

家庭概念就像其他體制一樣，這個世界上並沒有永恆不變或絕對正確的體制。

如果一個人的成長過程中不曾擁有其他選擇，往往可能導致無法想像其他生活方式的可能性。因此，我們需要更努力去意識，我們的既有觀念未必是正確的。

哲學正是能夠實踐這種可能性的工具。以二十世紀的法國哲學家沙特和西蒙．波娃[18]為例，他倆並不接受當時的婚姻制度，而是從存在主義的觀點出發，創造了新的制度並加以實踐，也就是所謂的契約婚姻。

換句話說，只要當事人都接受的話，就可以不需要締結法律上的婚姻，雙方關係的性質也可以由當事人自行決定。例如，沙特與波娃當時就達成協議，同意彼此都可以自由地與其他人相戀。

各位可能無法相信，然而他們確實以這樣的方式維繫感情超過半個世紀，並且一直保持這種契約婚姻關係。如果讀者覺得這種關係很奇怪，很可能只是因為我們受限於自己認定的既有婚姻觀念。

既然知道了婚姻關係可以有超出想像的可能性，我們就不應該消極地全盤接受現有的制度，而是應該以哲學的角度質疑每一件事，進一步形成

---

⑱ 西蒙．波娃（Simone de Beauvoir, 1908-1986）：法國哲學家、女性主義倡議者、存在主義代表人物之一。著有《第二性》。

自己的觀點。只有當每個人都願意如此思考，我們的社會才能建立一個足以因應多元化家庭觀的制度。目前的我們，也許是正處於過渡期的階段吧。

課堂小結

- 每個家庭都被社會視為一個共同體。
- 家庭是一個封閉的群體，一旦出現問題，問題很可能持續惡化。
- 如果一個人的成長過程中不曾擁有其他選擇，往往可能導致無法想像其他生活方式的可能性。
- 只有當每個人都願意質疑現有的婚姻觀念，我們的社會才能建立一個足以因應多元化家庭觀的制度。

5 戀愛與性的真諦

——愛是什麼？

「愛」，是古希臘以來的古典哲學探究的主題之一。其中一個著名的例子便是柏拉圖所著的《饗宴》⑲。這部作品描寫古希臘的賢者們在品味美酒的同時，熱絡討論愛神艾洛斯（Eros）的場景，可以想像是一群年輕人在酒會上辯論什麼是愛。我年輕時也經常幹這樣的事，當時總是醉醺醺的。

古希臘的賢者們雖然喝醉了，依然行禮如儀，依序表達各自的想法。例如，一位名叫阿里斯托芬（Aristophanes）的人談到了「雌雄同體」

⑲《饗宴》（*Symposium*），或譯為《會飲篇》，古希臘哲學家柏拉圖一篇對話錄作品，為其最具代表性作品之一。

(androgynous)的神話。這個神話是說，最初的人類是雌雄同體的，擁有四隻手四條腿、兩張臉、兩個生殖器官，某天不慎惹了神明生氣而被撕裂成兩半。在柏拉圖的筆下，阿里斯托芬認為這是男女之愛的起源。依照他的說法，人們總是試圖填補自己缺失的另一半，這正是愛的本質。

然而，蘇格拉底卻對這個想法提出了異議。他認為，哪有人會去追求不完整的東西呢？他認為「愛不是追求不完整，而是持續不斷地追求完整的東西」。其實這個觀點是柏拉圖假借蘇格拉底的名義發表的，因此也可以稱之為柏拉圖式的愛。到了今天，「柏拉圖式愛情」這個詞彙也仍意指純粹的愛。

這似乎相當準確地揭示出戀愛的本質。當我們愛上某人時，我們會在腦海中為對方描繪出一個完美的形象，並拚命追求，甚至可能忽略周圍的事物。換句話說，陷入極端的戀愛後，最壞的發展可能會演變成腦子裡只想著自己的事。

跟蹤狂是最糟糕的一種可能。愛上一個人是一件十分珍貴的事，但如果沒有清楚意識到「愛的本質」，反而會給對方和周圍的人帶來困擾。

戀愛之所以與親情、友情等其他形式的愛有所不同，就在於這一點。以親情的愛來說，我們關心對方往往多過關心自己。我自己也身為人父，所以我能夠理解這種無私的愛。至於友情則位於這兩者之間，特別是對於交情深厚的知己，即使我們可能不會將友人看得比自己還重要，但至少會像對待自己一樣地珍惜他們。

請不要誤解，我的意思並不是哪一種愛比較好或比較重要。我只是想提醒各位，我們平常掛在嘴邊的愛，其實具有多種不同的形式。意識到這一點之後，各位不妨想想自己此刻懷抱的愛是哪一種。也希望各位能夠善待這份愛、善待自己的感受，好好地與之相處。

——性是不該討論的事嗎？

當我們喜歡某個人，自然而然會想要與對方在一起，並且會想要更親密地、盡可能直接地接觸對方。如此一來，自然而然也就無可避免地會談論到性方面的話題。

然而，談論性愛這件事卻似乎是一種禁忌。明明這是因為愛才自然發生的，為什麼不能談論呢？每當談論到這個話題，我們似乎會陷入了某種思考停滯的狀態。一旦碰上「性」這個話題就會思考停滯，這個原因並非出自於個人，而是整個社會造成的現象。

有人說日本的性教育太過落後。日本之所以會成為一個不重視哲學的國家，並非偶然，因為日本人不太願意思考會令人尷尬的事情，也往往抗拒表達可能讓人不愉快的想法。然而，如果不用語言表達出來，就等於並沒有在思考，結果就是讓問題變得曖昧模糊，最後被擱置不理。這就是

「思考停滯」。

許多社會問題都因此束之高閣，無法討論，其中之一就是性教育問題。如果問題只要擱置就能解決的話也就罷了，但情況根本沒有變好。青少年在性方面的問題仍然值得關注與討論。

正因為成人不願正面討論，才會讓孩子們誤以為性是一件壞事、一件「不該討論的事」。我們討論性這個話題時，各位或許會感到有些不自在，即便不自在，渴望與人親密接觸卻終究是生物本能，正因此才容易讓人感覺矛盾。如果錯誤的討論態度，讓這種矛盾扭曲下去，嚴重的話就可能導致性犯罪等問題。

因此，我認為性話題應該更加開放地進行討論。近年的《鬼滅之刃》是一部非常成功的動漫作品，其中有一段「吉原遊郭篇」，故事是以風月場所為舞台。這一段電視動畫播出時，還曾經在社會上引起一番討論。

成人們擔心這樣的情節是否不適合小孩觀看，但實際上，這部作品並沒有什麼露骨的性愛畫面。成人之所以擔心，只是因為不知道如何向孩子解釋什麼是風月場所罷了。而這樣的反應，恰恰就是「思考停滯」。實際上，我在另一本著作《《鬼滅之刃》的哲學思考》當中也談到了這一點。明明是確實存在的事實，卻遭到誤解，這才是問題所在。

事實上，全世界的人都知道，即使是在日本這個文明的國家，也曾經有過一段公娼的歷史，也就是允許人們用金錢交易女性身體的一種制度。然而，日本人自己試圖淡化這一事實，這無疑是令人感到可悲的。

此處最嚴重的問題並不只在於這個制度裡的性別歧視，而是在於我們是否能承認一個事實，那就是人類作為一種「性的生物」，會渴望與他人藉由身體交流情慾的這個事實。

唯有先接受這個現實為前提，我們才能開始討論體制的對錯或性別歧視等問題。目前我們的社會，尚無法直面這個現實，因此根本連展開討論的起跑點都還沒站上。我們再也不該像現在這樣迴避談論性的問題，反之，應更積極地談論它。真正令人羞愧的並不是談論性，無法談論性才是令人慚愧的。

課堂小結

- 我們平常掛在嘴邊的愛，其實具有多種不同的形式。
- 一旦碰上「性」這個話題就會思考停滯，這個原因並非出自於個人，而是整個社會造成的現象。
- 真正令人羞愧的並不是談論性，無法談論性才是令人慚愧的。

6 善用手機與遊戲

——手機的便利與危險

根據調查，現在高中生幾乎都擁有手機，甚至不少國中生和小學生也都擁有。這本身是一件好事，為了能夠在這個數位時代生存，盡早接觸這些科技產品是必要的。

但問題在於使用的方式。各位是如何使用手機的呢？是與家人聯絡嗎？通常這也是家長讓孩子擁有手機的原因，但實際上，除此之外，手機還可以用來與朋友交流、資料查詢、觀看影片、遊戲等各種用途。

一部手機可以處理所有的事情，如此多元的用途，既是其優點也是

缺點。手機什麼都會，會聯絡、學習和娛樂，唯一不會做的，就是休息。因此，長時間使用手機，也就是所謂的「手機成癮」，就成了問題。

「手機成癮」也被稱為「手機依存症」，這表示問題不僅止於使用時間過長，更嚴重的是人對手機產生的「依存」，讓人一旦沒有手機就渾身不舒服。另一方面，也包括因過度使用手機而導致身心不適的狀況。

各位有沒有這樣的問題呢？有信心說自己沒有手機成癮嗎？由於手機非常方便，已經融入日常生活每一個環節，我們幾乎不會特別意識到其存在，就像空氣一樣。這麼一來，我們甚至可能根本察覺不到自己已經十分依賴手機。

即使出現身心不適的狀況，恐怕各位也不會向成人指出問題出在手機，因為這麼一說，手機被沒收的話就糟糕了，對吧？然而，如果我們對手機成癮的事實置之不理，不加以面對與自我約束，最終狀況還是可能惡化成手機遭到成年人沒收。因此在事情走到那一步之前，我們應該思考如何與手機共處。

手機成癮不僅僅是過度使用所造成的身心問題，還有一個最大的問題是，按此情況演變下去，我們可能會連最基本的思考都選擇依賴手機。這不是手機使用的「量的問題」，而是「質的問題」。因此，我才會認為這個問題更加嚴重。

不僅是手機，電腦和平板也一樣，從網路上找到的答案並不能算是答案，那只不過是針對這個問題的其中一個觀點而已。大家是否經常在網路上找答案呢？的確，不管是什麼問題，網路上都能找到相關的答案。

但存在於網路上的這些資訊，都是由別人歸納出來的，不是我們自己思考得出的。所謂的答案，是指自己思考並歸納出來的結果。除此以外的都只不過是別人的觀點而已。「如果別人的想法是那樣，我自己又是怎麼想的呢？」唯有持續不斷這樣的思考，才是得到答案的方法。

一旦我們習慣依賴別人的答案，人類將不再思考，思考能力也會退化。這才是手機成癮所導致的最可怕問題。法國哲學家巴斯卡[20]曾說，人類是「會思考的蘆葦」，若這句話為真，那麼假設人類不再思考的話，會變成怎麼樣呢？我們是否可能變得像是某種工具，被某些人，或者甚至是被AI之類的機器所利用呢？

希望大家能思考這個問題。手機只是一種工具，而我們不應該淪為手機的工具。

——社群媒體與遊戲的誘惑

不少人會花費大量時間在社群媒體和遊戲上。接下來我們就來談談社群媒體的誘惑吧。我自己也會使用一些主流社群媒體，像是Line、推特、臉書等，因為無論是發布訊息或進行聯繫都非常方便。

但坦白說，我還是覺得很麻煩，也感受到了所謂的「社群媒體疲勞」。

---

⑳ 巴斯卡（Blaise Pascal, 1623-1662），法國哲學家、數學家、科學家、神學家，畢生對數學、科學、神學皆有巨大貢獻。

為什麼呢？過去並沒有社群媒體這樣的東西。以前與人聯繫通常是透過打電話或寫信的方式，但自從社群媒體普及以來，我們隨時隨地都可以與人聯繫。

這麼一來，我們就必須立即回覆訊息，而且一天二十四小時都處於這種模式，真的令人感到十分疲憊。而且，如果我們不定期更新社群，人們還可能會懷疑是否發生了什麼事。有時，如果我們不對別人的貼文按讚或留言互動，也可能會被當作生氣或忽視對方。

各位應該或多或少都曾經感受過這類心理負擔吧？若是如此，讓自己與社群媒體稍微拉開一點距離，或許會比較好。人類是社交的生物，這是毫無疑問的。但同時，每個人也是一個獨立的個體，所以當然也會有想要獨處的時候。應該說，每個人都有必須獨處的時候。

唯有獨處的時候，我們才能認真思考當天發生的事情，好好面對自己。然而，如果從早到晚都不間斷地和社群媒體打交道，就很難維持獨處的時光。

這是一種極度失衡的狀態，也可以說是一種大腦經常被他人占據的狀態，因為你無法完全掌控自己的大腦，而是一直將注意力放在別人身上。

遊戲的誘惑基本上也是相同的情況。特別是與朋友或陌生網友一起進行對戰的線上遊戲蔚為流行。各位讀者應該也有人花了不少時間玩這些線上遊戲吧。

即使成年人也會對遊戲成癮，以前有個詞叫做「網遊廢人」，也就是因為網路遊戲而成為「廢人」，他們會玩上二十四小時甚至連續玩上幾天，也因此無法擁有正常的生活。

長時間玩遊戲確實會擾亂生活，並且可能降低注意力。如今，這已被視為一種疾病，並且有專門的網路遊戲成癮門診治療。這表示憑著一己之力克制誘惑是多麼困難，以及它對心理和生理的影響有多大。在這種情況下，思考能力也會受損，因為大腦被遊戲占據了。當然，要玩這種遊戲必須動腦筋，但動腦筋的方式太過失衡了，這才是問題的所在。

如果你發現自己有這種遊戲成癮的傾向，最好及早尋求外界的幫助。自己克制誘惑是非常困難的事情。人類是脆弱的生物，對某些事物成癮並不是什麼奇怪的事。

重要的是要有勇氣改變。為此向別人求助並不可恥，而是正確的選擇。我們可以和家長或兄弟姊妹商量，甚至是學校師長也沒關係。最重要的是拿出勇氣，試著開口說出來。

課堂小結

- 從網路上找到的答案並不能算是答案，那只不過是針對這個問題的其中一個觀點而已。
- 一旦我們習慣依賴別人的答案，人類將不再思考，思考能力也會退化。
- 人類是社交的生物，這是毫無疑問的。但同時，每個人也是一個獨立的個體，所以當然都有必須獨處的時候。

7 思考人生出路就能了解自己

——出路是什麼？

每個人十五歲時，因為義務教育已經結束，所以都會遇到選擇出路的難題。這時必須選擇要就讀高中或專科學校，或者選擇就業。究竟要「出」發前往哪一條道「路」？我相信正在閱讀本書的讀者當中也有些人已經面臨了這樣的狀況。

但是，要十五歲的你做出這樣的決定並不容易，對吧？我自己當年也是如此，因為當時根本對社會一無所知，對於要如何選擇未來的出路簡直是一片茫然。但一直茫然下去也不是辦法，因此，許多孩子會聽從家長或

老師的建議。

多數師長可能會理所當然地建議升學高中，而且他們會建議盡量選擇水準最高的學校。我曾經在理科菁英雲集的工業高等專門學校擔任教職，也擔任過入學考試的面試官。有些孩子在十五歲時就決定未來要成為理科技術人員，令人感到十分佩服。但是，也有些孩子坦誠地告訴我，他們之所以選擇走這條路，只是因為聽從家長的建議。聽從家人建議選擇出路，一點也不奇怪，因為我自己直到三十歲之後才真正找到人生的道路。在那之前，我一直在摸索方向。

然而事後回顧，我發現三十歲以前摸索過的一切事物都對現在的我有所幫助。這麼說來，所謂的人生道路這回事，或許不見得會按照原本的計畫前進。

我們總將人生想像成一條筆直的道路，認為必須選擇「正確的」方向。但實際上，人生更像是一條曲曲折折、斷斷續續的道路。當我們走過這條路，回頭看時，才會明白原來這正是獨屬於我們人生的道路。

中國哲學家莊子[21]認為，人生看似有許多選擇，實際上可能始終只有獲得選擇的那條路為唯一選項。人生確實只有一次，我們無法回到過去重新選擇，因此莊子的說法也許有其道理。這種觀點的好處是，無論我們選擇哪條路，只要我們在選擇的那一瞬間，認定並接納眼前只有這條路，選擇就不再是那麼困難的差事了。

也許命運已經注定我們要走上此刻我們所走的道路。不過，還是盡量在一開始還有選擇的時候，盡可能選擇一條適合自己的路總是比較好的。因此，在我們尋找未來有哪些出路之前，應該先好好地了解自己。

知道有哪些出路並不難，我們可以列出清單，家長和老師也會為我們說明。但是，那條道路究竟適不適合自己，實際上誰也無法確定。雖然家長和老師可能很關心你，但他們終究不是你本人，因此有很多事情是他們也無法明白的。

㉑ 莊子（BCE369-286），中國戰國時期知名思想家，「道家」思想代表人物。後世整理其言行與相關學說篇章，整理為《莊子》。

但是，最傷腦筋的問題是，一旦開始思考哪些出路適合自己，也許這時才會發現，我們可能是最不了解自己的人。因此，在作此思考前必須先對自己進行深入了解。所謂的「自己」，到底是什麼意思呢？在「想要了解自己」之前，可能需要先釐清「自己」這個概念的意涵。

請試著解釋什麼是「自己」。這裡並不是指「你自己」，而是「自己」這個詞的定義。也許有人會回答「自己就是我」，或者「自己就是某個人本身」之類的解釋，然而這都不是合格的答案。因為這只是換句話說而已，並沒有真正解釋清楚。

經過深入思考的人，可能會說「自己」是「一種具有自我意識的存在」。那麼，「意識」又是什麼呢？這就更難解釋了。因為一個人的意識無法被他人理解。

如果具有追根究柢的精神，或者說擁有哲學敏感度的人，也許會說「自己」是比任何人都更加明確的存在。或許「自己」的存在是比他人的存在還要容易理解，但所謂的「自己」真的是個明確的存在嗎？我經常飲酒過量而不記得前一天發生的事情，各位睡覺時也是處於沒有意識的狀態吧？既然這樣，我們還能說「自己」是個明確的存在嗎？

如此看來，「自己」其實是一個很難理解的存在。在哲學界，自從近代法國哲學家笛卡兒[22]說「我思，故我在」之後，「自己」一直被認為是這個世界上唯一確定存在的東西。

然而，同樣來自法國的現代思想家米榭．塞荷[23]則認為，沒有比「自己」更不確定的存在了。之所以這麼說，是因為我們只能思考某些事物，如果沒有那些事物，我們自己就不存在了。

他把自己的存在比喻為法語的動詞「être」，就像英語中的「be」動詞一樣，會依據主詞和受詞而改變形態。換句話說，「自己」就像這一類的動詞，會根據情況而改變形態。借用塞荷的觀點，在考慮未來的出路時，我們或許也必須仔細觀察在動詞前後的東西是什麼。

㉒ 笛卡兒（René Descartes, 1596-1650），法國哲學家、數學家、科學家。被認為是近代哲學的重要人物，啟發了後世由斯賓諾沙、萊布尼茲等人開拓的理性主義。著有《談談方法》。

㉓ 米榭．塞荷（Michel Serres, 1930-2019），法國哲學家、文學家、法蘭西學院院士。

——自己究竟想做什麼？

前面提到「自己」是一個能改變形態的存在，可能會根據主詞和受詞而改變。換句話說，只有當我們了解自己的過去和現在，我們才能理解自己。

當我們了解自己，我們就能看到自己應該做的事。然而，就算我們了解過去，也無法預知未來，特別是關於我們未來的出路。因此，我們唯一能做的是盡可能地了解自己的過去。

我想出了一種方法來了解「自己不知道的自己」。這種方法就是「描述自己過去的人生」。

我們可以回顧自己過去是如何生活的、努力做過什麼事情、珍惜什麼事物。藉由寫下自己的故事，相信可以更清楚地看到自己喜歡的事物。

也許，我們未來想要做的事情，就在這個故事的延長線上。我替這個方法取了個名字，叫做「答案就在結局」。換句話說，如果我們寫下自己過去至今為止的人生故事，未來想要做的事情，自然會在故事的「結局」中浮現。

我曾經在某間高中女校傳授過這個方法；藉由這樣的方式，學生們從自己的故事中找到了未來想要做的事情。例如，曾經熱衷參加體育社團活動的學生，發現自己真的熱愛這些活動，並且希望未來可以從事運動相關的工作。

如果興趣和專長可以成為工作，那真的是一件很棒的事情。然而，了解自己的興趣相對比較容易，了解自己的專長通常不是那麼簡單的事。

為什麼呢？因為學生們在成長過程中都被要求做相同的事情，最典型的例子就是學習，特別是背誦與辦公庶務相關的學習，所以我們總以為我們必須擅長做這些事情。

但實際上，就算有更多其他的才能，往往也難有挖掘發展的機會。有些人可能不擅長語文和數學，但能夠發現自己擅長畫畫或運動，也是十分幸福的事。這些才能之所以能夠被發現，是因為美術課和體育課讓學生有機會看見自己的才華。

那麼，那些沒機會在課堂上嶄露頭角的隱藏版能力，該怎麼找出來呢？我自己就是一個沒有發揮潛力的例子。因為哲學並不是一門課程，因此我從來沒有想過我能在哲學領域找到一片天地，並且將其視為職業。

如果我的特質能夠獲得正視與認可，也許我就可能會從這份特質去延伸未來的出路，情況可能就會有所不同。我的特質包括了注意力渙散、喜好幻想、個性敏感。

因為總是注意力不集中，我從小經常受到責備，因此，我一直將這份特質看成缺點，直到過了三十歲，歷經足不出戶的那段轟轟烈烈人生之後，才開始好好面對自己這種特質。

當時，我終於明白這就是我的特質，剛好我也在這個時候踏進哲學的世界，當我終於能夠發揮自己的獨特特質，人生也因此而發生巨大的轉變。我把一直以為是缺點的特質轉化為優勢，一步步獲得更多的成就。

哲學家需要不斷想像、幻想，並且對外在世界以及對自己的內心都必須有敏感覺察的長才。這些微妙的情感需要由哲學家轉化為語言。我幾乎每天都會在推特上發表一條名為「今日的哲學」的貼文，例如某天的貼文內容如下：

【今日的哲學】了解自己的本質，接受這個本質，並善加運用，一定會獲得成功。請想想自己現在處於哪個階段。當然，你認為是弱點的部分也是你的本質。對我來說，注意力渙散、愛幻想、敏感，就是我的本質。因此，雖然無法成為公務員，但我成為了一名哲學家。

如果你找不到自己喜歡的事情，不妨轉而尋找自己的弱點或缺點，說不定指引人生的線索就在其中。因為未來的出路，就在你現在所處的位置的延伸線上。

課堂小結

- 人生看似有許多選擇，實際上可能始終只有獲得選擇的那條路為唯一選項。
- 你認為是弱點的部分也是你的本質。
- 未來的出路，就在你現在所處的位置的延伸線上。

第三章

十八歲的你，如何與社會連結？

成年以後，有投票權，可以考駕照……
究竟成為「大人」，意味著什麼？

1 超過一百四十年的「大人」定義即將改變

——究竟會有什麼改變？

正如我在「前言」中所談到的，因成年年齡門檻從二十歲下修至十八歲，本書的主題即為探討應該如何為此做好準備。雖然僅僅降低兩年，但這段變革的路途卻走了一百四十年以上。

這次變革，是自從一百四十年前的明治初期進入近代社會以來，日本首次改變成年人的定義，可以說是一次重大事件。為什麼會發生這樣的改變呢？原因是為了與全球標準一致。世界上許多國家已經將成年人的年齡

門檻設定為十八歲，甚至還有一些國家設定為十六歲或十七歲。[24]

以OECD成員國[25]為例，將成年年齡設定為二十歲的國家僅有日本與紐西蘭，其餘國家則是十八歲或十九歲。因此與其他先進國家相較，日本的步伐已經顯得落後了。

為什麼說落後呢？所謂的先進國家從字面上看，可以解釋為「率先前進的國家」，如果不符合先進國家向前走的發展趨勢，合理想像等同於發展步伐已經落後。如果一個社會無法讓年輕人承擔責任，那麼這個社會的發展速度可能就會相對減緩。

這番話聽起來好像是為了經濟因素才降低成年年齡的門檻，但實際上並非如此，反而是因為政治因素才引致這樣的轉變。在降低成年年齡門檻之前，日本的選舉權其實已經率先下修至十八歲[26]。因此，成年的年齡門檻其實是配合選舉權的年齡而進行調整的。

由此可以看出，社會對十八歲的期望是成為能夠肩負社會責任的「大

㉔ 二〇二三年起，臺灣民法修正調降成年年齡為十八歲。

㉕ OECD為「經濟合作暨發展組織」，巴西、印度、南非、日本等為會員國，成立於一九六一年，素有WTO智庫之稱，主張尊重市場機制，透過各國政策達成跨國經濟合作發展。

㉖ 二〇一五年，日本修改《公職選舉法》將日本公民權下修至十八歲。然而因《教育基本法》的相關規定，目前政治仍為日本校園內的禁忌話題。

人」。我在這裡稱之為「大人」，其實在整本書中，我一直有意識地將「成人」、「成年」、「大人」等詞彙區分開來。

這幾個詞有著類似的含義，在本章中它們也會混在一起使用。當然，在日常生活中，大家可能不太關心它們的區別。但如果要明確區分的話，或許我們可以這樣思考：

「成年」是指法律規定具有行為能力的年齡。

「成人」則是指達到這個年齡標準的人。

至於「大人」則是一個更廣泛的概念。

也就是說，當我們談到「大人」這個詞彙時，指的不僅僅是年齡和身體的狀態，還包括精神上的成熟。就像有時候我們會對孩子們說「已經是大人了呢」。原則上，希望各位在閱讀本書時，也能理解這幾個詞各有不同的含義。

無論如何，十八歲開始成為大人，意味著持續一百四十年以上的社會結構發生了變化。即使只有兩歲的差距，仍然可以想像這個變化可能為社會帶來各種震撼。

實際上，在這次修改法律的討論中，為了防止社會問題產生，已經設定了部分例外的狀況。特別是飲酒、吸菸、賭博等「專屬於大人」的活動，今後仍然維持原本的規定，依舊要到二十歲之後才能進行。當然，這是出於對青少年的保護立場，但個人認為此類自帶風險的嗜好也是身為一個大人應該學習為自己負責而審慎進行的事。當然，如果要討論將年齡降至十六歲，就真的風險過高了。

教育則是更大的問題。如果十八歲就要成為大人，就表示必須在高中之前，現有的教育必須教導學生各種足以因應成年的課程內容。但事實上，當前的高中教育已經十分緊湊，如果再加上成年準備教育的課程，想必誰也吃不消吧。當年選舉權的門檻降至十八歲，以致於學校必須進行政治教育時，當時教學現場的教職員們已經不知所措，在成年年齡下修至十八歲的現在，同樣的問題勢必再次發生。

然而仔細想想，從過去到現在，有許多人在十八歲時就已經踏入社會。在日本，義務教育只有到中學而已，因此本來就應該更加落實成年所需的教育內容。

或許是因為我們的教育過於注重考試，填鴨式的知識灌輸導致了這樣的問題發生。其實只需要調整課程內容分配，稍微減少知識測驗的比重就可以了。然而，這樣的改革並不容易。身為學子，各位需要更有自覺地體認到自己正處於這樣一個重大改革時期，為了避免被改革的浪潮吞噬，更需要努力學習，以成為一個成熟的大人。

── 做你能做的事情

仍在校就學的讀者們可能會覺得無奈，畢竟這一切都是學校或者政府制度改變所造成的問題，身為學生實在無能為力。這完全是事實。如果我還是高中生的話，想必也會有同樣的感受。

然而，不管教育制度如何演變，最終只有自己能夠保護自己。我認為這樣的認知與覺悟也是成為大人的過程之一。站在為孩子好的出發點，國家、學校、家長都會努力改革各種制度，法律也可能會修改。雖然對於孩子們來說，可能只會有規則不斷改寫，好像被大人們耍弄的感覺。

然而，即使出了社會，成為成年人，遊戲規則持續改變的情況也屢見不鮮。遇到這種情況，抱怨也不會有用，只能靠自己努力，不讓自己吃虧。雖然聽起來有點殘酷，但政治家和學校並不會老實告訴大家這些道理，只好由我在此向各位說明。我現在就好比現代的蘇格拉底，身為一位哲學家，同時也是一位曾經遭遇類似困境的前輩，我必須揭示問題的本質，如實傳達給各位。

被迫在十八歲時成為「大人」的各位，想必都還沒有準備好吧。但如果不主動去做自己能做的事情，進入社會之後，還是有可能受騙或吃虧。因此，雖然學校的教育可能不夠完善，但各位還是必須自己努力學習社會運作的方式，例如在簽約的時候必須提防讓自己陷入不利的境地。本書稍後也會談到應該注意的最基本事項，提供給各位參考。

雖然聽起來有些殘酷，但我還是必須說，如果不主動關注體制的變化，或者只是想等待別人指示怎麼做、不願或無法自行決定行動，我認為這樣就表示還沒有準備好成為一個大人。

有些小說和漫畫描述戰後失去家長的少年和少女們堅強地生活下去的故事。每次讀到這樣的故事，我總深深感覺他們根本沒有選擇，所以才不得不長大。他們明明還沒有準備好去工作，只是突然因為空襲和戰亂而失去了一切。為了照顧存活的兄弟姊妹，他們不得不在最短的時間內成為大人。

如今，即使不是戰爭時代，這種情況也有可能發生在任何人身上。可能是震災，也可能是大規模的流行病，或者是其他疾病和突發意外等等。美國哲學家艾力．賀佛爾就是一位被命運玩弄、不得不在突然間成為大人的例子。

他在七歲時失明，同時失去了母親。因此，他在十五歲之前並沒有受教育，但奇蹟地恢復了視力。然而，不久之後父親也離開人世，舉目無親的他不得不打零工賺取日薪。借用賀佛爾自己的說法，那一天，「一夕之間從兒童房跳進了貧民區」。

後來，他是如何度過的呢？幸運的是，在他失明之前，他已經能夠閱讀書籍，因此為了怕哪天突然又喪失視力，他每天都貪婪地閱讀書籍。當然，要等到每天的體力勞動之後才有閱讀的時間。靠著不斷地自我學習，他成長為一位成熟的大人，而且不知不覺間成為一個世界公認的偉大哲學家。這就是人稱「自學的哲學家」賀佛爾的人生故事。

賀佛爾的例子可能有些極端，但對於那些總是抱怨學校教育、不努力學習的人，我總會告訴他們賀佛爾的故事。每個人都不得不成為大人，即使你還沒為此做好準備。因此我們除了盡力而為之外，沒有其他選項，否則受害的終究還是自己。

課堂小結

- 「成年」是指法律規定具有行為能力的年齡，「成人」則是指達到這個年齡標準的人，至於「大人」則是一個更廣泛的概念。
- 十八歲開始成為大人，意味著持續一百四十年以上的社會結構發生了變化。
- 不管教育制度如何演變，最終只有自己能夠保護自己。
- 如果不主動關注體制的變化，或者只是想等待別人指示怎麼做、不願或無法自行決定行動，就表示還沒有準備好成為一個大人。
- 每個人都不得不成為大人，即使還沒準備好。因此除了盡力而為之外，沒有其他選項。

2 「成為大人」究竟是怎麼一回事？

——精神成熟與不穩定性

「成為大人」這件事，究竟是怎麼一回事呢？本書到目前為止已經談論了許多相關議題，接下來就讓我們特別關注十八歲這個年齡，試著重新思考它的本質吧。如果說成為大人不僅僅是年齡和身體的成長，還包括精神成熟的話，那麼接下來應該探討的是十八歲這個年齡是否有可能實現精神上的成熟。

反過來說，作為一個大人所必須具備的精神成熟，是可以在人生最初的十八年人生當中培養起來的。不，或許應該說，是成長到十八歲時所具

備的成熟度就已經足以稱為成人了。之所以這麼說，是因為可能有許多人先入為主地認為要在十八歲時就實現精神成熟是不可能的。

如果各位還未滿十八歲，當然無法想像精神成熟是什麼意思。不過，對於十八歲以上的人來說可能也是如此。以我為例，已經超過五十歲的我，仍然認為自己在精神上還未達到成熟。

這並不是我謙虛，而是任何人都會這麼回答。各位不妨試著詢問身邊年紀大於十八歲的大人看看。令人驚訝的是，無論對方是七十歲還是九十歲，實際上可能都同樣會自稱精神尚未成熟。

過去，在我生命中的各個階段，總會感到自己在精神上還不夠成熟，必須盡快有所成長才行。無論是在我成年時、剛踏入社會工作時、準備結婚之時、剛成為一名教師時、準備升職時……印象中每一個階段我都自認距離真正的精神成熟還有一段很長的路。

那麼，難道沒有人可以真正實現精神成熟呢？其實不然。事實上，每個人都在某個時刻實現了精神成熟，只是自己未必能夠意識到。即使別人告訴他們，當事人也可能不相信或難以察覺。這就是精神成熟如此難以理解的原因。

難以理解的原因不在於定義，而是在於不穩定性。精神成熟的定義本身並不難理解，就像每個人都曾經感受到身邊某個人「在精神上已經相當成熟了」。

或者，我們有時候也會說「那個人已經是個大人了」。這通常是用來形容那些能夠周全地顧慮到他人、關心整個社會、能夠克制怒氣的人。

能夠做到這幾點的人，通常會被認為在精神上已經相當成熟了。的確，孩子可能隨時耍任性、不懂得顧慮周遭、言行往往任情緒左右。以這幾點而言，十八歲的人應該已經能夠自我駕馭，不太會有這種失控的狀況，更別說是五十歲以上的人，按理說更應該已經普遍具備穩健應對各種日常的能力吧。

但事實真的是如此嗎？各位仔細想想，就會發現無論是誰、年齡多大，有時行為舉止仍然無法稱得上「成熟」。超過五十歲的我有時也會任性，覺得這個世界發生什麼事都與我無關，雖說不是每天，但感情用事也可說是家常便飯。

每一個「大人」，有時候也可能表現出像孩子一樣的行為和思維方式。這就是我所謂的「不穩定性」。換句話說，即使在精神上成熟，人類有時也可能表現得相對不成熟。正因為這種不時脫軌失控的不穩定性，導致我們永遠難以有意識地認定自己已經是一個成熟的大人。

因此，即使滿十八歲，成為「大人」，也不一定能夠隨時隨地都維持著「精神成熟」的言行與心智。這就是為什麼我們必須深刻地理解成為大人的意義，以及身為大人應當有的言行，並時時刻刻銘記於心。

——人類是社會性的動物

究竟是什麼原因，讓我們的行為與思維方式會有這種偶爾失控的「不穩定性」呢？首先浮現在腦海中的答案是「情緒」。因為情緒，因此人類有時生氣，有時感到沮喪，這是很自然的事情。因此在某個範圍內的情緒反應並不會造成問題。但是，如果超過一定程度，就可能有負社會對一個成熟大人的期望，情況可能變得很棘手。

那麼，我們應該如何控制情緒呢？我認為必須與社會保持適當的距離，因為刺激情緒的經常是外在因素。舉例來說，各位在什麼情況下會感到生氣呢？因為別人嘲笑你？還是因為學校強硬推行荒謬的校規？這些情況都可以歸因於社會的影響。

我們一直生活在與他人互相依賴的關係網絡中，這些關係便構成了社會。換句話說，人類是「社會性動物」。古希臘哲學家亞里斯多德也曾經說過「人是城邦的動物」。㉗

「城邦」指的是古希臘以城市為單位組成的國家，也可以理解為「社

㉗「城邦」(polis) 概念出自《政治學》，亞里斯多德考察過希臘半島大小城邦後，先寫成《雅典政制》，再完成《政治學》，成為西方首部具備系統性論述的政治學著作。

會」。亞里斯多德想表達的是，人類是一種無法避免在社會中相互依賴、共同生存的存在。這點與其他動物不同。有的動物群聚而居，有的動物則像狼一樣獨行。但即使是群居動物，牠們的相互依賴關係也不像人類那麼複雜。

高度的依賴關係也意味著有些事情會超出我們所能掌控的範圍。正因為相互牽連，因此生活上總有些事情會因為受控於他人而不如我們所願，這時可能就會因而憤怒沮喪。這也是導致情緒不穩、難以維持精神成熟狀態的原因之一。

因此，我們必須時時與他人保持適當的距離，才易於妥善控制情緒，盡量保持穩定。這就是我所說的，我們應該適當地保持與社會的距離。當你覺得與某人或某個團體相處有點困難時，可以試著暫時保持距離，讓自己冷靜一下。能夠適時適度地做到這一點，就可以算是大人了吧。

每個人都是獨立的存在，但由於一個人的力量不夠強大，因此需要與其他人合作，才能實現更美好的生活。然而這種平衡非常複雜，並不是只要一直與其他人待在一起就是好事。有時需要獨處，有時需要團隊合作，這一生我們都必須不斷調整這種平衡。在童年時期，我們經常渴望屬於某個團體。但隨著時間的推移，我們會漸漸變得更加獨立，但仍知道何時需要與他人合作。我認為這就是一種「大人的生活方式」。

課堂小結

- 必須深刻地理解成為大人的意義，以及身為大人應當有的言行，並時時刻刻銘記於心。
- 應該如何控制情緒呢？必須要與社會保持適當的距離。
- 有時需要獨處，有時需要團隊合作，這一生我們都必須不斷調整這種平衡。
- 我們會漸漸變得更加獨立，但仍知道何時需要與他人合作。這就是一種「大人的生活方式」。

3 十八歲的「公共哲學」——私、公、公共

——大人的公共哲學

在此想向各位介紹一門學科，那就是「公共哲學」。為了與社會妥善保持距離，我認為公共哲學的實踐是十分必要的。簡單來說，公共哲學是一門思考如何將個人與社會聯繫在一起的學科。

一般而言，我們只關心自己的事情，尤其年輕時代。因此，我們需要有意識地主動思考有關社會的一切。包括考自己在社會中的角色、可以為社會做些什麼，以及如何參與其中。

自社會存在以來，這種公共哲學的概念就一直存在，但並沒有正式獲得命名，可以說它是相對比較新的一門學問。二十世紀活躍於美國的德國哲學家漢娜．鄂蘭[28]，即是這門學問的先驅。

鄂蘭指出，除了勞動和工作之外，「活動」（Action）也是人類基本的行為，「活動」意指與社會相關的行為。雖然工作也與社會有關，但工作終究是為了賺錢維持生計，因此不得不做的事情。

鄂蘭所說的活動，並不是「非做不可」，而是「即使不做也可以生存下去」的行為。聽起來鄂蘭說的「活動」不做也沒關係，但是她認為，身為人類的一份子，我們有責任參與這樣的活動。

這樣的活動包括參與社區自治會活動、志願義工活動，或者參與政治活動等等。這麼一想就會發現，確實，這些活動都必須有人去執行，但大部分人常見的心態可能會希望這些事情可以交給別人去做。

以學校來說，身為校園一份子的各位是否認為：學生會活動、義工活

㉘ 漢娜．鄂蘭（Hannah Arendt, 1906-1975）：德裔美籍政治哲學家、作家。著有《平凡的邪惡》、《人的條件》。

動等只要交給別人去做就好？或許最後總有人被指派去執行這些活動，但出了社會後，此類事務卻可能誰都不願意做。

如果每個人都只關心自己的事情，社會問題就會愈來愈多，垃圾問題就是最佳例子。

假如垃圾回收工作不由社區管委會來處理，而是由每個人自行處理，或許年輕人可以自行把垃圾拿到指定地點，但對老人來說可能就是一件苦差事了。這麼一來，垃圾可能會堆積在某個地方，對整體社區環境造成不良的後果，最終嘗到苦果的終究還是同在社區裡的自己。

因此，鄂蘭將「參與社會活動」視為生活在社會中的人類的基本行為，這樣的觀點也呈現在她的著作《人的條件》當中。沒錯，參與活動正是身而為人的條件之一。

當然，公共哲學的內容並不僅僅是鄂蘭所指出的活動。

德國哲學家哈伯馬斯提出的溝通行為理論也被認為是公共哲學相當重

要的一部分。簡單來說，這是指為了達成共識而進行深入討論的過程。在思考如何參與社會時，獨善其身的想法是行不通的，必須要與其他人一起進行討論並取得共識才行。哈伯馬斯㉙的公共哲學正是在討論這種溝通的方法。

關於這一點，我們將在本書第四章繼續討論哲學對話的方式。

總之，公共哲學並不是一成不變的，而是會隨著時代變化，參與社會的程度與模式也會有所不同。我們應該根據自身所處的時代與社會情境，建立並實踐符合當代的公共哲學。

——當今社會需要的公共性主義

那麼，現代社會需要的公共哲學是什麼呢？就結論來說，我認為現今的社會需要的是一種我稱之為「公共性主義」的態度。事實上，這是我在

㉙ 哈伯馬斯（Jürgen Habermas, 1929-），德國當代社會學家、哲學家。法蘭克福學派第二代代表人物。著有《公共領域的結構轉型》、《溝通行為理論》。

二〇一九年拙作《公共性主義是什麼》（公共性主義とは何か）中自創的名詞，簡而言之，我主張如果公共哲學是一門學問，那麼公共性主義就是一堂實踐課。應該積極參與公共性事務。

這樣解釋或許有點複雜，所以讓我們再次從「公共」一詞的定位談起。這個世界上，有些事情只關乎個人，有些事情涉及整個社會，必須由政府負責處理。前者可以稱為「私」，後者可以稱為「公」。

除此之外，還有一個被稱為「公共」的領域，也是狹義的「公共性」，指的是某些事務雖然關乎公眾，但政府並不一定會出面處理，這樣的事務即為「公共」的領域。

之所以會有這樣的領域存在，可能原因在於資金有限。很多人光是處理自己的事情就已經分身乏術，即使稍有餘裕，也不見得願意為他人付出心力。因此，這些人基本上只參與「私」領域。

另一方面，雖然政府存在的目的是為了處理公眾事務，但由於預算有限，不可能每件事都由政府來處理。因此，政府往往只能處理「公」領域事務。

但在現實生活中，還有許多事情與所有人都有關。例如公園就是一例。是否所有公園都隨時保持安全和清潔呢？政府是否每天早上都能檢查遊樂設施的安全性，並且仔細監控每個設施，以及經常修剪草坪呢？答案當然是否定的，畢竟不是每一個公園都是迪士尼樂園，有足夠的金錢支應大量人力做這些事。

如果能夠做到這麼周全，就不會有孩子在使用公園的遊具時受傷了吧！若能有人負責定期維護管理公園遊具，就會令人感到安心許多。這正是「公共」的領域。

同屬「公共」領域事務的又如許多學校附近需要的交通指揮工作，經常都是由志願義工來執行的。

我心目中的公共性主義所主張的，就是每個人都應該更積極參與這些公共相關事務。

之所以如此堅決倡導這一點，是因為如果不這樣主張的話，就不會有人去參與公共事務。往往只在發生重大事故，或有人因此受傷，媒體開始報導的時候，人們才會開始想亡羊補牢。但是，等到這時再行動就已經太遲了。

我們似乎正處於一個充滿此類問題的時代，或許是因為每個人都已經為了一己生活忙得不可開交。然而，如果這種情況持續下去，最終吃虧的還是我們自己。

無論如何，我們終究是生活在這個社會當中的一份子，這是不會改變的事實。

因此，公共性主義變得至關重要。它是一種面對社會事務的態度，也是每個年滿十八歲的人都應該擁有的觀念。

唯有明確地抱著這樣的意識，我們才能夠展現成熟大人應有的作為。

課堂小結

- 一般而言，我們只關心自己的事情，因此，我們需要有意識地主動思考有關社會的事情。
- 鄂蘭認為，身為人類的一份子，我們有責任參與「活動」。參與活動是身而為人的「條件」之一。
- 現今的社會需要的是「公共性主義」的態度。
- 「公共性主義」是一種面對社會事務的態度，也是每個年滿十八歲的人都應該擁有的觀念。

4 十八歲選舉權改變了社會嗎？

——成為大人之後才能參與政治嗎？

我們在前面討論到參與社會事務是大人的責任，接下來我們不妨來討論最具代表性的社會事務，也就是政治活動的參與。首先，政治本身其實與兒童息息相關，本來就該質疑為什麼要等到成年後才能參與政治。在此，先從政治的定義開始討論吧。

所謂的政治，可以稱為利害關係協調的過程。當抱著形形色色的想法與立場的人們共同生活在同一個地方，彼此之間的利益關係有所衝突時，意見自然會產生分歧，這就是「利害關係」。政治的功能就是協調這些利害

關係，使事情能夠順利進行。在民主國家中，通常會進行集體討論，最終以多數決的方式作出結論。

當然，歷史上也曾經出現過其他的政治體制，例如由國王或貴族統治，以及現代仍然存在的獨裁政府等等。民主主義目前仍然是多數人最能夠接受的方式，日本也是採取民主制度。

不過，需要補充說明的是，民主是否就是最好的體制呢？這個問題並沒有確切的答案。畢竟在實踐上，要真正蒐集每個人的意見可能會造成行政效率低落，而且在集體討論之後以多數決的方式之下，少數人可能會遭到犧牲。但至少民主制度重視每個人都能表達意見的機會，即使結果可能對少數人不利，但至少他們都有表達意見的權利。

民主主義的政治需要每個人參與其中。所謂的每個人，指的就是群體中的每個成員。以日本來說，也就是日本全體國民。這時可能有人會問，所謂的全體國民，也包括未成年的兒童在內嗎？答案當然是肯定的。

然而，兒童雖然也是國民的一份子，但並未擁有投票權。當然，兒童也有自己的想法，也不是不讓他們表達意見，因為國家的最高法律，也就是憲法，明確保障了全體國民的基本人權。因此，兒童當然也擁有表達意見的基本權利。

那麼，為什麼只有成年人擁有選舉權呢？我認為這是因為投票的選擇，終究需要有成年人的理性思考能力、判斷力，以及溝通討論的能力。未成年人是否擁有這些能力呢？想一想，就讀幼稚園的小孩看到想要的東西可能會直接用搶的，當被問及原因時，他們可能只會說：「因為我想要。」因此，要求小孩子透過理性思考與溝通討論以進行利害關係協調，是不可能的事。

因此，在養成理性討論的能力之前，未成年的孩子不能擁有投票權。這也就意味著，我們需要在十八歲、正式擁有投票權之前，好好培養這種能夠與他人就利害關係進行理性討論的能力。

以前，投票權的年齡門檻是二十歲，更早之前是二十五歲，年齡限制已逐漸降低。那麼，十八歲的人是否已經具備了理性判斷的能力呢？更何況，需要討論的內容非常複雜，例如消費稅是否增加、社會福利保障的方式，甚至國家安全等問題。

成年之後，不僅僅要面臨自己生活中的種種難關，還必須要對政治問題做出判斷。這就是當代年輕人所面臨的挑戰。

──十八歲選舉權與十八歲成年的關聯

先前已談過，在降低成年的年齡門檻之前，日本已經先將選舉權的年齡門檻降至十八歲。這是為了因應憲法修正案而修訂國民投票法的內容，一般選舉也相應做出調整。

事實上，關於國民投票法的修訂，並將投票年齡降至十八歲的討論過程中，我個人也參與了其中一部分。當時，在參議院的憲法審查委員會上，我以相關學者的身分獲邀，由專業的公共哲學角度陳述我的觀點。

討論過程中，其中一個關鍵問題是，究竟十八歲的人有沒有能力對憲法修正的議題進行判斷。當然，由於我平時持續與中學生進行哲學對話，因此我在會議上陳述，我認為十八歲的年輕人已經有能力進行判斷。

但是，為了實現這一點，我也強調以目前的狀況而言，還需要加強相關的市民教育。但就目前情況來說，並沒有具體進展。目前十八歲青年對社會的關注程度依然低落，投票率也不高。

當初人們期望這樣的變革將有助於降低老人對政治議題的影響力，但以目前的情況來說並沒有太大的改變。換句話說，雖然這是睽違七十多年來首次降低年齡門檻[30]，引起各方熱烈討論，結果卻是雷聲大雨點小，社會並未發生太大的變化。

然而，雖然目前沒什麼變化，但未來仍然有改變的可能。不僅僅是選

㉚ 二次大戰結束後，根據一九四六年頒布的憲法，日本將《公職選舉法》中的選舉權從原先的「二十五歲以上男性」，修改為滿二十歲以上的所有公民。

舉權，十八歲的人未來將能夠獨立進行幾乎所有的行為。如此一來，必然在這過程中會逐漸意識到自己也是承擔社會責任的一份子。

政治並不是獨立存在的事物，日常生活中的各種行為本身都是政治。當然，教科書裡已經闡述了這樣的理論，想必各位也都能理解這樣的觀念，但如果沒有親身實踐的話，恐怕還是難以真正體會吧。

未來，每個人應該都會更加深刻地體認到自己是社會的一份子，並意識到政治與自己息息相關。如此一來，對於選舉與政治的關心程度也會有所提升。我相信，十八歲選舉權必須與十八歲成年的政策相互配套結合，才能真正發揮作用。

因此，為了實現這一點，我們需要在中學教育中，將成年教育與政治教育相結合，並有效地加以實施。校園裡的教職員們可能會覺得工作又要增加了，但最有效率的方式並不是增加課程的時間，而是調整課程內容，將成年教育與政治教育結合在一起。

如果可能，我們應該將「大人學」納入課程範疇，以培養身為一個成年人所需的精神上的成熟。我們的目標不在於急迫地導入，學校和社會應該共同累積經驗，以建構更好的教育體系，如此才能真正改變社會。

課堂小結

- 我們需要在正式擁有投票權之前，好好培養能夠與他人就利害關係進行理性討論的能力。
- 成年之後，不僅僅要面臨自己生活中的種種難關，還必須要對政治問題做出判斷。
- 不僅僅是選舉權，十八歲的人未來將獨立進行幾乎所有行為。如此一來，必然在這過程中會逐漸意識到自己也是承擔社會責任的一份子。
- 我們需要在中學教育中，將成年教育與政治教育相結合，並有效地加以實施。

5 關於責任、婚姻、契約——建構「大人學」

——「大人學」教導我們的事

我所設想的「大人學」，是以責任、婚姻和契約為主題。這些主題都涉及成年人的行動能力，同時也與生活上的政治議題相關。更重要的是，處理這些議題的基本條件即是精神上的成熟。

在撰寫本書的過程中，我曾經主持一個名為「哲學咖啡館」的論壇，與來自不同立場的市民進行對談，其中一個討論主題是「十八歲是什麼」。當時，討論的焦點正是我列舉的這些問題。這些議題，究竟該如何學習呢？

在論壇中有各式各樣不同的意見，有人認為統一的教育內容反而不利於培養獨立的成年人，有人認為領導力教育才是培養當事人意識的關鍵，也有人認為應該加強日本歷史教育，因為日本歷史上有許多年輕人在十幾歲的年紀就已經為日本扛起責任。

這些意見都有道理。你是否在這些意見當中，發現共通的關鍵字呢？我認為「責任」就是這些意見的共通關鍵字。為了在社會中履行成年人的角色，我們就必須要承擔責任，無論這是否為法律的要求。

對未成年的孩子來說，無論發生什麼事情，最後都可以仰賴大人，因為成年人會承擔責任。也就是說，「承擔責任」就等同於「成為大人」，這個觀念需要徹底地建立起來。單單學習法律是不夠的，我認為只有透過哲學的方式才能真正理解責任這個詞彙的含義。

很多人提到婚姻和契約也是應該學習的具體內容，就某個層面來說，婚姻和契約也可以歸納為責任問題的一環。就婚姻而言，原本男性可以結婚的年齡門檻是十八歲，女性則是從原本的十六歲提高到十八歲。從性別平等的角度來看，這個改變是理所當然的。

從其他角度看，「成年的年齡門檻」與「能夠出於自身意願決定結婚的年齡門檻」，兩者之間取得一致的意義非常重大，因為締結婚姻的當事人需要自行承擔婚姻中的責任，這就是為什麼會將成年年齡與結婚年齡門檻都同樣設定為十八歲。依據自身意願建立家庭，就表示必須承擔對家庭的責任。

訂定契約也是如此。過去，十八歲的消費者由於尚未成年，所簽署的消費契約需要家長的同意才算生效，如今已經不需要家長的同意就可以自行簽署了。也就是說，既然十八歲已經是成年人，就不能再以未成年為由隨意取消契約。這也表示從十八歲開始，就必須對自己的行為承擔責任，包括簽訂契約這樣的事務。

每個人都必須清楚地學習到這件事的重要性，千萬不能因為一時衝動而簽下合約。在人生路上可能會遇到各種不肖業者，可能會刻意針對已年滿十八歲但思慮還不夠成熟的人下手。

在我主持的哲學咖啡館論壇當中，曾有人提出教育方法的重要性，認為應該要讓學生積極參與如何實地解決問題，否則光是紙上談兵的教育是毫無意義的。過去的教科書當中，並不乏成年教育的內容，然而，如果僅止於被動式地學習教科書上的內容，一旦考試結束，這些知識很快就會被拋諸腦後，想必各位也有同感吧？如果只是忘記歷史人物的名字或史實的年份也就罷了，但消費者的權利和義務可不能隨便忘記。為了保護自己，此類與自身責任義務相關的知識內容，必須牢記在心。

因此，在學習過程中，印象深刻的經驗絕對是必須的，只有透過解決問題的主動學習才能實現這一點。尤其是消費者契約等議題，確實應該將如何解決實際問題作為學習主軸，在操作演練中，學習如何保護自己和承擔責任，這才是理想的教育方式。

——責任是什麼？

前面多次談到了「責任」，各位對這個詞彙有什麼樣的理解呢？「責任」是一個人人都自以為熟悉，但卻很少對其意義深思熟慮的詞彙。

「責任」是我所提倡的「大人學」的核心概念。一般而言，「責任」指的是承擔自己或他人的行為後果。簡單來說，就是不能用「我不知道」當作藉口，必須自己負責解決問題。

人類有天賦自由，這是一種權利，可以做任何你喜歡的事情。當然，有些行為會對他人造成困擾，所以受到限制，但除此之外，每個人都可以做任何自己想做的事情。為什麼呢？因為那是人類所渴望的。

社會是一個能夠讓人實現願望的地方。你可以獲得想要的東西，做想做的事情。但任何事情都有其負面影響。例如可能因為獲得某個東西而引起爭端，或者因為過度從事某種活動而無法正常度日等等。

在這種情況下，當事人必須承擔相應的責任。如果對他人造成困擾就必須賠償，如果是自己的生活失去平衡，就得想辦法調整。反過來說，是在能夠承擔責任的前提下，才有自由的存在。

如果發生什麼事，當事人會負責賠償或做出調整，正是因為有這一份信任的存在，社會才能允許每個人的自由行為。大人除了有工作能力之外，更重要的是具有思考能力，因此獲得社會的信任，認為大人具有承擔責任的能力。

這些行為就是負責的行為。然而，未成年人普遍做不到這一點，或者說這個社會對未成年人並沒有抱著這份信任。因為他們還沒有工作賺錢以便賠償他人的能力，也還沒有辦法穩健地藉由思考來改變調整現況。

確實，以身體和精神的成熟程度而言，要求小學生做到這一點是不可能的。但對於中學生來說，或許在某種程度上是可能的，但現代社會的普遍共識之下，認為要等到十八歲之後才有健全的能力處理這些問題。

當然，即使是大人也不代表就有能力對所有行為負責。就算他們自認能夠承擔責任，也可能發生意料之外的事情，許多事故就是這樣發生的，畢竟「運氣」也是影響每件事結果的因素之一。

這個議題稱為「道德運氣」[31]，探討人是否應該對受運氣影響的行為負責。

然而，任何行為畢竟都有嚴重程度的區別，即使運氣可能會對行為造成影響，我認為大人也應該承擔包含運氣在內的全盤責任。

換句話說，大人在進行每一個行為時，應該要考慮到包括運氣因素在內的責任風險。

雖然聽起來很嚴肅，但成為大人確實就是責任如此重大的一件事。在成年教育的「大人學」中，我們應該要確保有足夠的機會討論此類道德議題，以便徹底釐清責任的概念。

㉛「道德運氣」由英國哲學家伯納．威廉（Sir Bernard Arthur Owen Williams）提出，指出人即使動機相同，其行為卻可能因不受掌控的因素，引致相異後果，並受到不同的道德評價。

「大人學」應該是一個關於責任的實踐型學科。在這個領域，「思考」是尤其重要的。如果不用自己的大腦思考，知識就無法實地應用在生活當中。在下一章中，我們將再次探討這個問題。

課堂小結

- 「承擔責任」就等同於「成為大人」。
- 締結婚姻的當事人需要自行承擔婚姻中的責任，這就是為什麼會將成年年齡與結婚年齡門檻都同樣設定為十八歲。
- 應該將如何解決實際問題作為學習主軸，在操作演練中，學習如何保護自己和承擔責任，這才是理想的教育方式。
- 在能夠承擔責任的前提下，才有自由的存在。
- 大人也該承擔包含運氣在內的全盤責任。

第四章

去尋找，去培養「屬於自己的答案」

有問題，就會有答案。
然而現實社會中，屬於我們人生的答案，
並不像考試一樣只有一個標準選項。

1 質疑「別人給我們的答案」

——思考是什麼？

到目前為止，相信各位對於思考以及哲學都已經有了具體的初步印象。接下來，我們將會更深入地探討哲學的方法。

稍微回顧一下，各位應該會發現在第一章，我們大致介紹了哲學是什麼，以及哲學的重要性。接著在第二章，我們示範了如何透過哲學的角度，思考一些與各位息息相關的具體問題。第三章，我們從公共哲學的角度試著思考了當前社會關於十八歲的議題。

原本應該是緊接在第一章之後，先認識哲學方法，再進入具體議題的

討論。但我擔心如果沒有能夠引發各位共鳴的具體事例，只是不斷討論哲學方法，恐怕會讓人感到不耐。

我在大學的課程中，也是習慣先援引實例再進行深入討論。現在，經過具體事例討論的熱身階段，我們終於可以更深入地思考「思考」這件事了。

讓我們重新回顧一下，哲學的過程是從「懷疑」開始的，也就是對常識與既有觀念提出質疑。唯有如此，我們才能說是真正開始進入思考。反過來說，在日常生活中，對於大部分的事情我們都是未經思考。

無論我們看到什麼，或面臨什麼事情，我們往往直接接受，或者視而不見。人通常不會對於眼前每件事都懷疑，對吧？所以，為了能夠好好地思考，我們首先需要暫時停下來，在我們思考的對象周圍仔細觀察。別再只是視而不見地經過它，而是應該走回來到這個對象的旁邊，來好好打量它。這個過程會花一點時間，所以每當我們想要好好思考時，我們常常會說「先等等」。

當我們說「等等」，表示在腦海中我們已經停下腳步，準備好好觀察我們思考對象的周遭，而不再只是直接接受或視而不見。當我們在腦中進行這樣的行為，我們才算得上是真正開始思考。

在繁忙的日常生活中，我們經常忘記對自己說一聲「等等」。兒時的我們走在路上，每當發現美麗的花朵，總會特地停下腳步來欣賞，直到大人催促「該走了」，我們才會依依不捨地離開。雖然可能大同小異，但我相信每個人記憶裡應該都有類似的經驗。

有些家長也希望讓孩子盡量發揮好奇心，盡可能地讓孩子自由觀察，但常常因為忙碌而匆匆打斷孩子。這麼一來，孩子其實就失去了思考的機會。

我們的生活其實充滿了思考的素材。對孩子來說，大自然無疑是一個絕佳的滿載思考素材的寶庫。就這層意義來說，思考也是一個回歸自然環境的過程。

人造物品是為了方便生活而創造的。因此，它們被設計成不需要費力思考，每個人都能輕鬆使用。然而這麼一來，思考的機會也會跟著流失。如果回歸自然，使用更原始的工具，我們自然就會開始多多動腦。最極端的例子就是在無人島上生活，這種狀況底下，如果不思考，根本就無法生存下去，只能依靠現有的東西，想辦法度過難關。什麼都能做到的手機無疑是一種方便的工具，但也因為它的方便，剝奪了我們思考的能力。

別因手機的干擾而忘記停下腳步，凝望美麗的花朵，否則，那將等同於我們逐漸忘記思考。

——努力看見看不見的事物

有些人可能會說，他們平常就很認真觀察周遭，並不會邊走路邊玩手機。確實有些人是這樣沒錯，但接下來我想討論的並不是這件事。我想指出是，各位自認正在看著某樣東西的時候，實際上可能並未「真正」看見。

事實上，即使看見了，可能也僅僅是只是表面而已。

德國哲學家康德曾指出，每樣事物都有人類無法了解的另一面，他稱之為「物自身」。人類透過五感來感知事物，換句話說，對於五感無法感知的範疇，我們一無所知，而那就是物自身，也就是事物本身。

然而，我仍然相信人類有能力看見看不見的事物，這種能力就是想像力。

哲學家鷲田清一[32]在著作《想像的課程》中說過：「如果不主動打開視野，世界對我們來說將永遠不可見。」

要能夠看見「看不見的事物」是相當困難的。那麼，如何才能看見事物真正的本質呢？正如同鷲田清一所說，我們可以想像每個事物的背後究竟有什麼東西。

㉜ 鷲田清一，日本哲學家。專長為哲學、臨床哲學。著作有《梅洛龐蒂》、《自我 這個不可思議的存在》、《京都の平熱》、《「傾聽」的力量》等。

具體來說，我們可以藉由學習各種事物以進行想像。雖然說是想像，如果沒有足夠的素材，是無法進行想像的。

在嘗試想像完全未知的事物時，人們往往先參考已知的事物，或將其進行修改以構建形像。

因此，擁有更多的已知素材將有助於我們容易建立全新的想像。這些素材可以透過閱讀或網路來蒐集，但最好的方法還是親身體驗。自己親身體驗的事物往往難以忘記，因為我們會因此記住更多細節，而這些細節在進行想像時是非常有用的。

就以觀察這件事來說，在圖鑑上看到某樣事物，與在路邊實地見到，兩種體驗存在著很大的區別。

因為我們親眼看見的時候，當下的場景或心情等等，都可能成為我們建立想像的素材。因此，外出時多看看周圍事物是很有益的。盡量多參與各種活動，能夠有益於拓展想像力。

然而，就算素材再怎麼豐富，也不一定能夠進行無限的想像。想像這件事，還是需要一點才華，就像做菜一樣。如果擁有豐富的料理知識，只要進行一些變化就可以做出創意料理。

但即使不太懂料理的知識，仍然有人能夠創造出有趣的料理。其他領域也是如此。這就是所謂的才華，想像也同樣是一種才華。這麼說可能會讓人覺得太過武斷，但這和藝術天生才華不同，任何人都可以藉由訓練來提升想像的能力。

例如練習找找看「相似之處」。如果平時就習慣尋找不同事物之間的相似之處，想像力自然就會逐漸提升。要在看似沒有關係的事物之間找到相似的關聯，是需要想像力的。這就是這個訓練的重點所在。

有一天我意識到，不管是說話還是繪畫，擅長模仿的人也具有豐富的想像力。我在中學的時候也經常模仿老師，惹得同學們哈哈大笑，因為模仿需要足夠的想像力，所以或許我也算是具備豐富的想像力吧！讀到這裡，請各位務必留意，別為了培養想像力就像我一樣隨便模仿老師，免得遭來一頓責罵哦。

課堂小結

- 在日常生活中，對於大部分的事情我們都是未經思考。
- 生活充滿了思考的素材。
- 康德指出，每個事物都有人類無法了解的另一面，稱之為「物自身」。
- 如果不主動打開視野，世界對我們來說將永遠不可見。

2 只要改變觀點，不可能就會成為可能

——為什麼改變觀點這麼難？

每當我請學生進行「改變觀點」的練習時，經常會收到「這實在太困難了」的回應。「懷疑」也是一件不容易的事，但與「改變觀點」相較之下，還是一種相對簡單的方法。

簡單說，「懷疑」的時候，只需要先試著逆向思考，這種方法相對容易。逆向思考是邏輯思考的一種方式，因此我們可能會覺得比較熟悉。

然而，改變觀點卻是一項複雜的工作，而且我們平常並不經常這樣

做，所以才會覺得很困難。之所以說它是複雜的，是因為我們好像得多幾個腦袋才足以運作思考。更準確地說，想要改變觀點，就必須擁有多重的思考模式。

一般而言，人們往往只用一種思考模式來看待事物，就像選定一條道路之後，就一直沿著同一條道路前進一樣。而「改變觀點」，就像是從現在已經走得很習慣的這條路，突然轉向另一條道路。

首先，我們不知道究竟該從哪裡轉到另一條路，甚至也不知道哪裡還有其他道路可以走。這真的是一項艱鉅的工作。更麻煩的是，在練習改變觀點的過程中，這種困惑的過程還必須重複好多次。

為什麼我們平常很少主動改變觀點呢？因為這是一項複雜的工作，所以大多數人理所當然都不會想做。但這並不是唯一的原因，因為如果光只是改變觀點就有好事，想必再怎麼麻煩困難都還是會有許多人去執行。畢竟人類就是這樣現實的生物。

那麼，會不會其實是因為改變觀點並不會帶來多大好處呢？這也未必，因為改變觀點確實是有很多好處的。或許有一部分的原因是懶惰吧。根據我的猜測，很可能是因為大多數人沒有意識到改變觀點可以引致的正面變化。

大多數人為什麼不知道只是改變既有觀點就有很大益處？我想是因為學校教育中並沒有哪一門學科真正教過人們這件事。雖然哲學恰恰就是這樣的學科，但日本只有少數人學習哲學。而且這些人學習的哲學並不是關於改變觀點的思考方法，多數只是分析歷史上哲學家的言論而已。

在西方，雖然有更多人學習哲學，但多數也並非學習如何改變觀點等思考方法，同樣也只是研究歷史上哲學家的著作。因此，也難怪多數人並沒有意識到改變觀點所帶來的好處。不過現在，至少正在閱讀本書的各位應該已經知道了，哲學這門學科包括「改變觀點」的過程，並且將為我們帶來莫大的好處。我們沒有不做的理由。

——達到神一般的境界

學習哲學的過程中，每個步驟都非常重要，但如果問我的意見，我會說「改變觀點」是其中最重要的。

我們通常只用單一方式看待事物，唯有能夠以另一種不同的方式看待事物時，才能看見事物的本質。

若無法以不同角度看待事物，就難以進行「懷疑」。在改變觀點之後，我們會接著進行「重新建構」的步驟，但在某些特殊情況下，光只是改變觀點就足以讓我們找到答案。

例如在某個空間裡，如果出入口被堵住，假設我們以為只有一個入口（單一角度），就無法繼續前進，但是，如果此時發現後門（改變觀點），出入問題就迎刃而解了。或者，我們可能會發現其實可以爬牆，或者從牆底下挖一個洞當作出入口。

因此，如果能夠成功改變觀點，任何問題應都有機會找到解決的線索。北非古國迦太基有一位名將漢尼拔[33]，他的戰術總是能夠出奇制勝。我很喜歡他的一句名言：「只要改變觀點，不可能就會成為可能。」

對我來說，這句話本身已經是一個新的觀點。藉由這句話，我學習到一個「只需改變觀點就能將不可能化為可能」的新觀點。從那之後，每當我遇到問題，我都會運用這種觀點來面對問題，它讓我相信問題一定能夠解決。

我開始嘗試透過各種不同的觀點來看待事情。如果身為神明，應該能夠看到一切吧。姑且不論我們是否相信神明，先暫且將能夠了解一切事物的存在稱為神。我經常想像有這樣的神存在，並且思考透過這種「神的角度」，會如何看待事物。這麼一來，無數的新觀點就自然而然地浮現了。

然而，想要一下子達到這個境界是不可能的。我也是花了很長時間，

㉝ 漢尼拔（Hannibal, 247-183 BC）為北非古國迦太基軍事家、政治家。

累積透過各種觀點看待事物的經驗，才有辦法試著想像「神的角度」所能看到的視野。

換句話說，只要累積一定程度的經驗，任何人都可以接近神一般的境界。「神的境界」這個詞聽起來有點像小孩子會說的話，但實際上，這是德國近代偉大哲學家黑格爾的用語。

他提出「絕對知識」的觀點，意思是藉由經歷各種經驗，人類的意識可以達到像神一般無所不知的境界。因此他使用「絕對」這個詞。這裡所說的經驗，是指「透過不同觀點看待事物的經驗」。

更具體地說，我自己的方式是嘗試將自己代入其他事物，透過擬人化的觀點來進行思考。

例如，假設用各種角度來思考的話，常見的文具便利貼，它的本質會是什麼？我們可以從小至螞蟻的觀點、大至宇宙的觀點來觀察看看。

如果我們是螞蟻，便利貼看起來可能會是什麼樣子？

對螞蟻來說，它會是什麼用途的東西？

若從宇宙的角度思考，必須想像我們自己成為宇宙。否則，不管我們從哪個角度看，我們終究還是我們自己，即使從宇宙那麼遙遠的距離看，便利貼依然只是一個便利貼。

如果想像自己成為「宇宙先生」或「宇宙小姐」，想必可以擁有截然不同的視野吧。我們可能會將便利貼看成像是自己生出來的孩子一樣，因為所有物質都是由宇宙孕育而生。

當然不只可以想像自己成為某個具體的生物或物品，也可以透過事物的性質等沒有具體形狀的概念來當作新角度，或是「愛」、「正義」等抽象概念也可以當作新觀點。像這樣，積極透過不同種類的多重觀點來看待事物，會是最好的。唯有如此，我們才能更有機會揣摩鳥瞰一切的「神的角度」。

課堂小結

- 「改變觀點」，就像是從現在已經走得很習慣的這條路，突然轉向另一條道路。
- 當我們能夠以另一種不同的方式看待事物時，才能看見事物的本質。
- 只要改變觀點，不可能就會成為可能。
- 黑格爾的「絕對知識」，指藉由經歷各種經驗，人類的意識可以達到像神一般無所不知的境界。

3 語言是世界的設計圖

——透過新的詞語重新理解世界

在懷疑事物並且透過不同的觀點重新理解之後，完整的哲學過程最終需要將其重新建構，並用語言的形式表達出來。透過不同觀點所理解的內容，可以將其中相似的部分歸納成一個句子。聽起來好像不太容易，但其實我們對這樣的作業並不陌生。

在我們現行教育裡的語文課程及考試中，其實也一直追求著同樣的目標。例如在閱讀測驗中，有時會要求學生試著用一百字以內的篇幅重新說明作者想要表達的觀點。

在進行哲學思考研究時，其實我們只要按照相同的方法來進行就可以了。

或者，我們也可以透過一種名為「ＫＪ法」的歸納方法來整合各種想法。這種方法是將腦力激盪後看似混亂的成果裡找出內在秩序，加以歸納、整合，進而逐步找出解方。這種方法近年不僅盛行於職場，在學校中也開始被拿來運用了。

如果可能，我建議在方法上做一點調整。

不要僅止於「整合觀點」，還可以試試看腦力激盪時除了拋出各種想法，還必須只挑選自己喜歡的關鍵字記錄下來，再重新建構。

在試著透過多種觀點腦力激盪的時候，會迸發形形色色的想法，在這些想法當中，只選擇我們覺得有趣，或是符合預先設定條件的關鍵字就可以了。

或許有人會認為這種預先設限的腦力激盪，會不會反而使我們偏離想要思考、釐清的事物本質？然而，想要理解世界、理解事物，其實本來就只是換個新角度而已。

事物真正的本質，大概只有神才知道。身為人類的我們，即使再怎麼揣摩「神的角度」，終究也無法成為真正神。但這也是人類社會的有趣之處。如果成為神，對萬事萬物都一目了然，人生也會變得很乏味吧。

因此，當我們試圖重新理解事物時，只需要透過比先前更寬闊的視角重新審視，並且採取不同的切入點就可以了。因此，以自己喜好尋找新觀點、自由預設條件，像這樣作為新的切入點是沒有問題的。

像這樣重新觀看世界，就是哲學研究的過程。換句話說，經過深思熟慮，運用新的語彙重新描述、捕捉世界。從這個角度來思考，其實哲學研究的過程按理說應該是很令人樂在其中吧。

光想像當然很輕鬆，實際上這終究是一個艱鉅的過程。因為找到新的語彙重新描述世界，幾乎等同於突然進入完全不同的世界。

世界是由語言建構而成的，就算再微小的事物都有自己的名字。即使是沒有名字的事物，也只能藉由語言來表達。因此，當我們試圖用一個新的詞語來理解某個事物時，圍繞著該事物的世界也會隨之變成不同的世界。

就以「筆」為例，雖然看起來微不足道，卻是生活中常用物品。如果這支筆的意義改變了，那麼當我們使用這支筆的時候，就會彷彿生活在一個與以往完全不同的世界。我曾和小學生一起用哲學的角度探討筆的本質，透過我們重新詮釋，討論結果是：筆不再只是書寫文字的工具，而是一個「能夠將內心思緒具象化的物品」。

自此之後，每次用筆時，我都覺得自己正在將思想具象化，也讓我更感覺到自己正在從事一項具有創造力的活動。也因為有這樣的契機，即使是簡短的文章，我也會仔細琢磨再下筆。

對我來說這是一個美妙的變化，我感到生活好像變得更好了。是的，正如哲學之父蘇格拉底所說，哲學可以讓我們過得更好。在過去超過兩千年的時間裡，人類一直在進行像這樣的哲學研究，試圖讓生活和世界變得更加美好。

—— 提高語感的方法

前面談到世界是由語言構成的。請看看自己的周遭，有些什麼東西呢？桌子、筆筒、橡皮擦、電腦、書包、門、窗戶、書本……這些都是「詞彙」，對吧？它們雖然是實體物品，但每個東西都有自己的名稱，我們才能夠加以區分辨別。

想像一下，如果物品的名稱都相同，那麼剛剛列舉的所有物品都會變成相同的東西。例如，如果我們稱橡皮擦為「桌子」，那麼它們就全都變成了桌子。如果把電腦也稱為「桌子」，那麼它們也會變成相同的東西。

再舉一個例子。在法國，「蝴蝶」和「蛾」都被稱為「Papillon」，兩種生物的名字並沒有特地區別。因此在我們的眼裡，這兩種生物是不同的動物，在法國人眼裡，牠們都同樣是叫作「Papillon」的生物。

這麼一來，各位明白語言的重要性了嗎？我們區別事物時，並不是基於形狀或種類，而是基於名稱。

從哲學的角度來看，選擇描述一件事物的詞語是非常重要的一件事，因此需要對語言的相當程度的敏銳度。一個適當的詞語是指外觀和內在都十分完善。聽起來好像在形容一個受歡迎的人，其實詞語也是如此。

就詞語而言，「外觀完善」指的是容易發音或記憶，「內容完善」則表示該詞語準確反映出事物的本質。例如，「電動腳踏車」這個詞語能夠正確地表達出該事物是一輛「能夠靠雙腳踩踏前進的腳踏車，同時也能靠電力運行」。而且，它用最簡潔的詞語表達出這個意思，因此讓人容易記住。

最近在日文中還有一個有趣的詞，叫做「朝活」，「朝」的意思是早晨，這個詞的意思是有效利用晨間時間來進行活動，就像把「就職活動」簡稱為「就活」一樣，它巧妙地應用了類似的模式，只要提到「○活」，就表示「進行某種活動」。

在哲學中，尤其是在重新定義概念時，模仿原始詞語創造一個新的詞彙是很好的作法；正所謂「名實相符」，這樣的做法帶有重新定義的意思，不管是在字面上或讀音上，都可以進行這樣的嘗試。

過去，在我舉辦的哲學思辨研習會或工作坊當中，便出現許多優異的範例，很多佳作都是在幾分鐘內想出來的，當中也不乏高中生的作品。雖然有些人可能本來就有一些天賦，但我認為語言的敏銳度是可以無止境地持續磨練下去的。

最簡單且有效的方法其實可以試試看「諧音哏」。當然未必要真的說出口，但可以經常在心裡練習鍛鍊語言靈活度，臨時需要創造新的詞彙時就會比較容易浮現在腦海裡。

除此之外，擴充自己的詞庫也很重要。閱讀文章時，只要稍微留意就會有很大改變。無論是報紙、書籍或資料都可以，只要記下自己不熟悉的詞語，或是覺得有趣的表達方式，將它們寫下來或者即時查詢，就可以把它們添加到自己的詞庫當中。

我們每天都會接觸到大量的詞語，只要稍微留意，這些詞語就不會只是在我們眼前掠過，而是會停留在我們內心，當我們需要的時候，它們將會大放異彩。

課堂小結

- 可以透過「KJ法」的歸納思考法，來整合各種想法。
- 人類一直在進行像這樣的哲學研究，試圖讓生活和世界變得更加美好。
- 我們區別事物時，並不是基於形狀或種類，而是基於名稱。
- 語言的敏銳度可以持續磨練下去。

4 哲學性對話的嘗試

——如何引導對話

由於哲學是一種在自己頭腦中思考的活動，因此經常被認為是一人獨自進行的事情。但事實上，哲學最初源自對話，因此透過與人對話更能發揮它的效果。

哲學思考需要多方面的視角，而對話正是提供給我們眾多不同視角的機會。要在自己頭腦中採取不同的觀點是相當困難的，但當我們與他人對話的時候，對方的回答、甚至對方的存在本身都代表著不同的觀點。

也就是說，雖然是與他人對話，但其實也是與自己對話。雖然對話的

過程中需要傾聽對方的話，但這不是為了對方，而是為了將對方的觀點納入自己的思考當中。

我們常常將對話比喻為「言語的傳接球遊戲」，但更準確地說，它更像是思想的傳接球。再更精確地說，與其說是傳接球，不如說更像是搗麻糬。在傳接球過程中，不管怎麼傳，球的形體是不會變化的，但在對話過程中交換的思想卻會不斷地發生變化。

而且這些思想會不斷發展、深化，並且逐漸接近成形的形態。就像兩個人一起搗麻糬一樣。或許各位沒有搗過麻糬，但應該都在電視上看過吧。一個人拿著杵搥打，另一個人則配合搥打的節奏協助翻轉麻糬。藉由反覆進行這樣的工作，麻糬的製作才得以完成。

當然，讓思考逐步趨向成行是一個更複雜的過程。當我們在與他人對話的時候，最困難的就是如何對應對方的回應，好讓對話得以繼續發展下去。為了讓思考持續，我們必須對對方的回應進行引導。

找到引導對話的切入點之後，對方或許會堵住那個切入點，也或許會反過來更深入挖掘那個切入點，進一步解釋其中的內容。然而，要找到這樣的切入點並不容易。要建立一個良好的對話，巧妙地切入並引導是非常重要的。

引導方式可以大致分為五種：

一、推翻。
二、深化。
三、分割。
四、補充。
五、總結。

一，「推翻」是指「否定或提出相反的觀點」。二，「深化」是指「詳細提問，或進一步應用到其他情境中」。三，「分割」是「將事物進行區分」。四，「補充」，如字面上的意思，也就是「補充延伸內容」。五，「總結」不僅僅是總結，還包括「以抽象的方式重新統整表達一次」。

透過這些引導方式，對方將不得不做出某種回應。如果我們在對話過程中保持沉默，或者只是附和對方，就不會產生有效的引導，思考也不會得到發展。因此，在進行對話時，請把這些概念放在心上，相信將對各位有所幫助。

——哲學咖啡館

多年來我持續舉辦「哲學咖啡館」這樣的活動，在這個活動當中，我們有意識地運用前文提到的五種引導方式，以促使對話順利進行。藉由這樣的方式，將參與者引導到實際的哲學思考領域。

如今，「哲學咖啡館」在全國各地以各種不同的風格舉辦。據說，哲學咖啡館是在一九九〇年代初期，由法國巴黎開始興起的，最初是由一群市民圍繞一個主題進行對話的活動。雖然各地的哲學咖啡館有形形色色的進行方式，但以我主持的活動來說，每場參加人數不超過三十人，並且會花費約一至一個半小時來持續討論、思考一個由我決定的主題。當然，對話的進行也是由我來引導，讓每位參與者都能仔細思考自己的觀點。

哲學咖啡館僅僅是一個對話的場域，而不是辯論或演講的場所。在這裡，每位參與者都可以懷疑生根於自己大腦的既有觀念，並將他人的意見視為不同的新觀點，重新構建思想。

為了達到這個目的，我設定了三條規則：「不使用難懂的詞語」、「認真傾聽他人的發言」、「不全盤否定他人的言論」。

為了活用他人的觀點以深化思考，這三條規則都是不可或缺的要素。使用難懂的詞語就無法活用他人的觀點，不認真傾聽他人發言的話，對話就沒有意義，而全盤否定他人的言論，只會讓對話中止。換句話說，只需要注意這幾點，哲學咖啡館就可以成為一個絕佳的對話空間，同時也是一個充滿意義的思考場所。

作為引導者，我的角色僅僅是對話的歸納整理，好讓對話可以熱絡地進行下去。在這個過程中，只有形式上的內容整理是不夠的，因為那樣無法營造一個熱絡的氛圍。

人類是一種會被情緒影響的生物；如果沒有熱情，思考就很難深度發展，因此氣氛非常重要。為了讓思考能夠順利進行，哲學咖啡館必須要營造出一種讓人們樂於思考的氛圍。也就是說，每位參與者在發表自己的觀點時，都能夠充滿著自信。

如果每個人都沒有勇氣發表自己的觀點，想必這個活動也會變得很無趣吧。畢竟這不是一個檢討大會。因此，作為一個引導者，必須想辦法讓哲學咖啡館的對話更加熱絡。

為了達到這個目的，有一個好用的魔法般的關鍵字，那就是「確實」。日語中的「確實」用於表示事情恰好符合我們所想的時候。比如「某某現在說的確實是我們所需要的」或者「確實是像某某所說的那樣」，諸如此類的用法。

之所以說它是個魔法關鍵字，是因為它能夠為發言者帶來勇氣。如果我們聽到有人對我們說「我一直在等著有人說出你這番話」，或是「你的發言正好是我們需要的答案」，任誰都會感到高興，也充滿自信吧。

同時，我們周圍的人也會因為希望得到同樣的鼓舞而更加積極發言。當然，「確實」這個詞並不是隨時都能用，引導者需要有技巧地讓發言者的觀點能夠與討論的主題產生關聯。不過，每個人的意見想必在某種程度上都與討論的主題有關，因此將它們聯繫起來應該不是太困難的事。

如果讀者們想嘗試舉辦哲學咖啡館的話，一開始只需記得我提到的三條基本規定、以及五種引導技巧就足夠了。不要太有壓力，最重要的是享受過程。因為這終究只是對話，並不是多麼困難的事。

然而，如果各位想了解更多相關事項和安排須知的話，可以參考一些

關於如何舉辦哲學咖啡館的專業書籍，例如我自己也參與撰寫的《從零開始的哲學對話——哲學實踐手冊》（ゼロからはじめる！哲学対話）。這是哲學咖啡館專家們共同編寫的手冊，是不錯的參考書目。

課堂小結

- 哲學最初源自對話，因此透過與人對話更能發揮它的效果。
- 引導彼此對話的方式可以大致分為五種：一、推翻。二、深化。三、分割。四、補充。五、總結。
- 「哲學咖啡館」的討論三條規則：「不使用難懂的詞語」、「認真傾聽他人的發言」、「不全盤否定他人的言論」。

5 擁有「屬於自己的答案」

——「反論」的重要性

在前面的篇章中，我們曾經談到哲學是一門探討事物本質的學問，而探討出來的答案會因人而異。就像第一章提過的，自由的本質因人而異，在美國人人對自由的定義並不同，但藉由溝通彼此不同的想法，依然能夠讓大家攜手前進。

反過來說，透過哲學的思辨，我們才能擁有屬於自己的答案。接下來，我想先談談這一點的重要性。

各位不妨試著想一想，如果每個人的答案都一樣，會發生什麼事呢？

或許有些人會覺得很輕鬆吧，因為這樣就不用針對每個問題一一討論了。但問題在於，我們是如何擁有「相同的答案」？如果每個人都是經過自己的思考，只是剛好都想出一樣的答案，雖然也會產生一些問題，但至少狀況還不算太嚴重。

但如果是由某人刻意安排讓每個人說出一樣的答案，或者強迫大家都必須擁有相同的答案，那就是個大問題了。

如果每個人的答案都一樣，就表示根本沒有其他選項。即使那個答案是錯的，我們也別無選擇。歷史上就曾經發生過這樣的例子，也就是所謂的極權主義。

第二次世界大戰結束後，當人們談論到關於個人意見的話題時，就會提高警覺。這是因為每個人都深深明白，強迫每個人接受相同答案的極權主義會帶來多麼可怕的後果。

一旦這種體制或結構建立起來，就再也沒有人能夠阻止它。一開始，人們可能因為恐懼而希望和整個團體擁有相同的答案、相同的想法，但慢慢地，再也沒有人提出質疑，一切都變得理所當然。

或許很多人會想起納粹德國，但日本當年其實也是如此。雖然德國人和日本人當中，多為富有智慧的公民，但極權主義的可怕之處就在於，它能夠對德國和日本這樣的文明國家造成如此巨大的影響。

或許有人會認為，這是因為有某種強制力的介入才會造成這樣的情況。確實這也是原因之一。但假如背後不存在任何強迫的力量，每個人都抱持相同的答案可說是一個很恐怖的現象。

舉例來說，假設每個人剛好都抱持相同的答案，乍看之下似乎沒什麼不好，但如果這樣的情況經常發生，就會出現一個問題，那就是這個團體無法發展。

如果沒有「否定的契機」，事物就不會發展。我們可以將否定的契機稱為「反對論點」或「反論」，各位聽過這個名詞嗎？近代德國哲學家黑格爾在他提出的「辯證法」當中認為，唯有人們克服「反論」（antithesis），事物才能得到發展。

以民主制度來說，只有傾聽少數人的聲音，社會才能真正對所有人帶來益處。因此，每個人都應該擁有不同的答案。

——《十二怒漢》

如果每個人都抱持不同的意見，就可能產生更大的力量，即使是只有一個人提出的意見，也應該得到重視。或者我們應該說，正因為這個意見如此獨特，它才更顯得至關重要。

在電影《十二怒漢》中，陪審團當中某一個人提出的獨特意見逐漸改變了每個人的看法，最終拯救了一名少年的人生。

實際上，這也是眾多改變社會的事件的重要特徵。意見是能夠改變社會的。如果沒有人發表意見，什麼都不會改變。我們經常聽到有人說，反正說了也沒用，什麼都不會改變。確實有可能是這樣沒錯，但如果每個人都選擇保持沉默，就永遠不會有改變的契機了。

我們應該好好記住一個真理，那就是，只有自己一個人表達意見或許是不夠的，但如果不說出來，任何事情都不會改變。

在這種情況下，表達出與他人相同的意見是沒有意義的。在最終進行多數決的時候自然另當別論，但我們有必要在討論的過程中至少提出一點點稍微不同的意見。否則，即使發表意見也沒有什麼意義。

如果每個人的意見都完全一樣，那麼只需要點頭表示同意就好，根本不需要特地發言討論。

然而，如果這種情況一再發生，可能會導致一個團體裡每個人的想法都一樣，因此最好能有一點點的不同。畢竟，每個人的生活背景和身體狀況都不同，應該不可能每個人都抱有完全相同的觀點。因此才會有人說，要講出口的意見應該是「異見」才對，這才是正確的觀念。

如果每個人的看法都相同，代表著大家都怠惰於思考，或者缺乏勇氣或熱情。

讓我們再次回顧一下《十二怒漢》。

一開始，片中唯一主張少年無罪的建築師就具備了過人勇氣和熱情，也就是敢於發表不同意見的勇氣，以及對此提出說明的熱情。這種熱情引發了憤怒，因為熱情是具有感染力的，陪審團的每個人都變得充滿熱情，最終變成了「怒漢」。

相反地，有人一開始就懶得思考，譬如有人提到希望快點結束討論，因為他想去看棒球比賽。然而，隨著時間的推移，他們不再懈怠，開始思考究竟發生了什麼事，以及自己應該如何判斷。

經過這樣一番思考，他們的意見有了改變。

或許有人會認為，如果人們最終的想法都一致，那不就和極權主義一樣了嗎？真的是如此嗎？

《十二怒漢》實現了充分的交換意見，可以說是民主主義的範本。雖然最後每個人的看法都一致，但這與極權主義統治的情況不同，因為極權社會中根本不會有討論的機會。這是一個關鍵區別。

只要我們能夠確保充分討論的機會，社會就不至於發生偏離正軌的情況。

換句話說，由於經過充分的討論，因而這個團體應該已經徹底思考過偏離正軌的可能性，因為討論即是一個驗證各種可能性的過程，有人提出反對意見，其他人就提出可能的相應結果。

藉由這樣的交互對話，問題與解答便得以浮現。

就這層意義上來說，民主並不完全是多數決，還必須包括討論的過程。多數決只不過是一種技術性的手段，用來解決一些有時間期限的問題。如果時間允許，或者情況發生變化的時候，我們應該重新展開討論。

因此，無論何時，抱持屬於自己的意見都是一件十分重要的事。

課堂小結

- 黑格爾在「辯證法」提出，唯有人們克服「反論」，事物才能得到發展。
- 正因為少數意見如此獨特，才更顯得至關重要。
- 意見是能夠改變社會的。如果沒有人發表意見，什麼都不會改變。
- 意見應該要是「異見」，才對一個團體有幫助。
- 民主並不完全是多數決，還必須包括討論的過程。

6 課題解決的時代

——每個領域都有解決課題的需求

到目前為止，我們已經多次談到課題解決。現在，我想談談最近受到大眾關注的課題解決型教學，以作為尋找「自己的答案」的一個目標和手段。

各位是否聽說過「社會課題解決」這個詞呢?現今世界充滿了問題。少子化、人口老化、環境問題、能源問題、自然災害、社會不平等、都市化集中，還有疫情大流行等等，這些都是社會問題。

是的，以前這些都被稱為社會問題。但最近開始使用「社會課題」這個

詞，各位知道為什麼嗎？問題和課題有什麼不同呢？實際上，「課題」這個詞語被看作是「必須要做的事情」。因此，「社會問題」只是一個意識到困難之處的階段，而「社會課題」則令人更積極地視之為社會需要共同解決的問題。

這不僅適用於日本，聯合國也提出了永續發展目標，簡稱SDGs，呼籲全球共同解決社會課題，並制定了十七個發展目標，計畫在二〇三〇年前實現。

要解決這些社會課題，我們應該採取哪些行動呢？這當然需要政府的力量，也需要個人、企業和區域社會共同攜手解決，因為社會課題與每一個人息息相關。只是消極地遵守公約是不夠的，每個人還必須發揮智慧，積極投入解決問題的行列才行。

因此在教育領域，針對解決社會課題的課程正在逐漸增加。從二〇二二年度開始，因為課綱的修訂，日本的高中也將導入「綜合探究時間」，可說是過去的「綜合學習時間」的進化版。

雖然過去也有學校利用綜合學習時間討論地方議題，但現在，我們的課綱已經更明確地將目標設定為「透過各種不同面向，綜合學習面對課題的探究與思考方式，思索自己人生的價值與方向，並培養解決課題的資質與能力。」

現行課綱明確地提到「解決課題」，因此我認為不僅僅是綜合探究時間，整個學校教育也將連帶有重大變化，因為過去的教育相較之下，並沒有意識到解決課題的意義和重要性。

過去學校教育中像是數學、國語、社會和自然科學等學科，大人總是說「等我們進入社會以後，這些知識就會派得上用場」，但實際上我們根本不知道什麼情況下才會派上用場，因此只能先一股腦學習這些廣泛的知識。

當我們真的進入社會後，才會明白，原來學校中學習的許多知識真的都是有用的，並且會經常發現：「啊，以前在課本上學過這些知識，原來是這一回事。」接著可能會開始反省：「早知道當初好好學習就好了。」

市面上有許多為了成年人而設計的從頭開始學的書，這就證明了很多人都有這樣的共鳴。過去這樣的做法或許也是行得通的，但現在的教育既然已經將解決課題作為目標，所以我們也應該重新評估其他學科，將其餘學科都重新定位為「解決課題」的工具。

這樣的轉變或許不會說變就變，但老師們肯定已經開始意識到其中的不同，各位也應該調整自己看待其他學科的心態。換句話說，之所以會有綜合探究時間的存在，就是為了讓各位能夠以積極的眼光和實踐的精神，重新評估其他學科。

那麼，我們應該如何利用課堂上的「綜合探究時間」呢？對此，由於我已經參與過一些實驗性計畫，接下來我想為各位進行介紹，作為各位在未來解決課題時的參考。

──哲學與課題解決

自二〇二〇年度開始，我在山口縣美禰市的美禰青嶺公立高中，協助課題解決的課程規畫，而這個課程正是利用「綜合探究時間」來進行的。這所學校得到了日本文部科學省的支持，可說是一個率先嘗試教學計畫的學校。

山口縣美禰市擁有秋吉台、秋芳洞等全國知名的觀光景點，是一個觀光產業相對興盛的城市。然而，畢竟是一個鄉村地區，高齡人口比例高，長年的社會課題主要集中在醫療、兒童教育和產業等領域。

在這個課程中，約有四十名普通科的二年級學生被分成幾個小組，利用一年的時間研究如何處理這些問題。他們可以根據未來職業和興趣選擇相應的領域，因此這個課程也可說是涵蓋了職涯規畫教育的理念。

然而，由於時間並不充裕，能夠做的事情終究還是有限。他們只能利用綜合探究學習的課堂時間，從六月開始到隔年一月的最終發表為止，僅有約八個月的時間，如果一堂課以四十五分鐘計，那麼總時數就是四十五分鐘乘以二十次而已。

即使如此，為了全面地培養學生課題解決的素養並加以實踐，我讓學生們遵循以下過程：

一、找出課題。

二、建立假設。

三、進行調查。

四、提出解決方案。

五、進行發表。

事實上，我在任教的大學中，早已將課題解決納入學生的畢業研究當中，因此累積了多年的課題解決教學經驗。在大學的課程當中，學生必須利用四年的時間來參與這項研究。儘管如此，以試圖解決現實社會問題來說，四年的時間仍然不夠。尤其真正投入其中的時間，事實上只有從大三下學期開始的一年半左右而已。

在這個過程中，我們將提案定義為「試作品」（原型），並進行多次評估和修正。如果不包含實際行動，我們可以準備無數個提案，要多少就有多少。然而，如果放在高中生有限的課堂時間當中，這是不可能的。因此，在當前階段，我們鼓勵學生至少遵守前述五個過程。這個課程的特徵在於，學生在這五個過程中的任何一個階段，都必須要抱持「哲學意識」。

由於我的專業是哲學，因此研究如何解決課題的時候，哲學是基礎中的基礎。在大學的課程中也是如此。雖說是特徵，但實際上並沒有什麼奇特之處。

學生在這門課程中必須留意的，無非是思考事物的本質，以及努力進行哲學性的對話。這樣的態度其實是一項基本技能，能夠應用於各種課題解決，但遺憾的是，日本還沒有普遍落實這一點。也因此，我才會特別強調這個部分。為了讓各位年輕讀者能夠有個清楚的概念，接下來我會簡要說明在這五個過程中，具體應該要做哪些事。

首先，關於過程一，「找出課題」，學生們必須從各種問題當中找到他們應該解決的課題。只要提出合適的疑問，就不難找到相應的課題，學生也可以根據政府數據報告等資料來發現課題。

這個世界上充滿了問題，也有很多事情雖然不是問題，但可以藉由改進某些措施使社會更便利，或是讓人們的生活更加舒適。因此，我們必須明確地選擇我們應該關注哪些事物。換句話說，找出課題的這個階段具有十分重要的意義，因為它將會決定我們要將有限的精力投入到哪個領域。

接著，我們要以這些課題為基礎，進行過程二，「建立假設」，預測並規畫解決課題的方法。這些假設可能是正確的，也可能是錯誤的。即便有可能是錯誤的假設，如果不先確立一個方向，就無法前進。

建立假設代表確立一個大方向，也是影響後續行動的重要步驟。就像一位偵探，必須想像犯人的行動以進行調查，如果調查過程中所做的推理有些許偏差，將可能浪費大量的時間。因此，方向性的確定可說是至關重要。

接下來是三，「進行調查」，以驗證前一個步驟的假設是否正確建立。所謂的調查可以是問卷等「量化調查」，也可以是實地訪談等「質化調查」，如實地訪談。最理想的狀況是兩者都做，但由於時間有限，美爾青嶺高中的學生們以質化調查的進行訪談為主，以更加了解實地的情況。

在這個過程中，當地政府機構也全力提供協助。然而在實際詢問政府單位之後，學生們的假設往往被證明是錯誤的。像這樣顛覆固有觀念的經驗，對學生們來說是一個很好的試煉。

因此，調查具有重要意義，能夠幫助我們認識現實社會。思考過程並不能只是紙上談兵，而是必須與現實情況互相結合，以避免陷入武斷的思維模式。

根據這些結果，下一步就是四，「提出解決方案」。在這一階段，靈活的思維和命名能力非常重要。在第一年實施時，學生們就提出了許多令人眼睛一亮的想法，例如將地名美彌的諧音融入幾個計畫名稱當中，透過社群媒體或簡訊來傳達美禰鮮為人知的觀光資訊，或是提升當地人民的健康意識等等。

提出解決方案是將思考轉化為具體的形態，也是真正在現實社會落地的重要步驟。無論是多麼深入的調查或是多麼清晰的思辨，如果不提供解決方案，最終都是沒有意義的。因此，解決社會課題的唯一方式就是提出解決方案。

最後一個階段，也就是五，「進行發表」，不僅僅是對於校內人員，發表的對象還包括提供協助的政府機關人士，甚至還包括媒體，可說是一個相當令人緊張的場面。但我認為對於解決社會課題來說，這樣的經驗也是不可或缺的。

參與解決社會課題的人員為數眾多，因此必須與這些人合作，並找到每個人都能接受的解決方案。為此，無論在何種情況下，都必須能夠自信地表達意見並與他人進行問答交流。

在這個時代，發表能力與提案內容一樣重要。社會的趨勢也是如此。無論內容多麼出色，也可能因為發表方式的優劣而翻轉結果。這或許也是我們這個時代的特質，因為人們愈來愈重視「共鳴」。

根據活動後的問卷調查，學生們表示他們雖然不太擅長這樣的活動，但仍然努力參與其中。雖然這些回應顯得有些謙虛，但也許這才是他們真正的感受。為了改變現況，我深深期許這樣的課程在未來能夠更加普及。

課堂小結

- 為了全面地培養學生課題解決的素養並加以實踐，在課題解決課程上必須遵循以下過程：一、找出課題。二、建立假設。三、進行調查。四、提出解決方案。五、進行發表。

第五章

哲學為人生帶來奇蹟——從繭居族到哲學家，我想說的是……

從現在開始，讓哲學進入你的生命。

1 孩子就是要自由自在地過日子

——孩子是無拘無束的個體

到目前為止，我們已經討論了哲學的意義，以及如何應用它。這樣做的目的是為了讓各位在尚未成年之前就培養自己的觀點，換句話說，希望各位能夠成為「大人」。

但是，雖然聽起來可能有些矛盾，我也同時希望各位在未成年之前能夠過得像孩子一樣，也就是無拘無束地度過。

「像孩子一樣」是什麼意思呢？我認為指的是自由自在、無拘無束。人們認為孩子是天真爛漫的，我認為無所拘束就是孩子們最大的特徵。

沒有制約，不需顧慮也不需遷就，只需要按照本能去思考和行動。如果看見某個東西奇形怪狀，小孩子會直接脫口而出「好奇怪哦」。雖然在某些場合會顯得失禮，但童言無忌，大部分人不會在意吧。

如果小孩子對某個事物感興趣，他們就會滿懷好奇心地追過去。這也是一種無拘無束，也是小孩子應該擁有的樣貌。一旦成為大人，就會受到種種限制。無論是常識，或是所謂的社會規範、優先順序等等，各種限制都會阻礙無拘無束的性格。

最終，就會變成無趣的大人。沒錯，無趣的大人意味著失去這份自在的成年人。為了不要成為這樣的大人，我希望各位在孩童時期不要失去了這種無拘無束的精神。

成為大人並不代表一定會失去這種精神。雖然成為大人就必須意識到自己對他人和社會的責任，但這並不妨礙一個大人揮灑他無所拘束的精神。兩者是可以並存的。

各位試著想想身邊有趣的大人，應該就能明白這個道理。各位也應該偶爾會遇到這樣的大人吧。我在年幼的時候也時常遇到這樣的大人。

雖然是老師，但又不太像老師，或是雖然是年長的長輩，感覺卻像少年一樣。想必他們內心深處還是保有無拘無束的精神，在守護他人與社會的同時，不墨守成規，總是能夠保有彈性且靈活應對。更重要的是，他們保持一顆充滿遊戲精神的心。

一旦失去這種活力，成年後想要重獲超脫拘束的態度並不容易。因此，雖然這份自在難免隨著年齡增長而減少，但我希望各位在兒少時期盡可能地度過無拘無束的時光，好讓這股精神能夠盡可能留存在各位的心靈之中。

這並不會與哲學相互矛盾，也不會成為阻礙。相反地，「無拘無束」對於哲學來說就像是引擎油一樣，可以讓哲學更容易發揮威力。這點在前面已經說明過，相信各位也已經理解。畢竟，如果不對美麗或奇怪的事物感興趣，哲學研究就無法開展。

——孩子的意義

關於孩子的無拘無束，有些人可能會抱持消極的看法。他們可能認為孩子們都是任性的、社會性不足，也不夠成熟。的確，在歷史上，孩子們也同樣遭受這樣不公平的對待。

日文中的「女子供」一詞便是一個歧視性用語，用來形容微不足道或拖累大局的事物。就像女性的不平等待遇一樣，兒童也長期受到歧視。事實上，日文中的小孩，漢字寫為「子供」，這個寫法會讓人對兒童的印象與供品相連結，因此最近有愈來愈多人傾向寫成「子ども」。

更進一步來說，「子ども」這個詞中的「ども」是代表複數的意思，令人感覺似乎並沒有將孩子視為獨立的個體，因此我個人並不喜歡這個表達方式。事實上，在歷史上，許多孩子被視為家長的財產，被當作勞工來使用，或者送給其他人作為養子或養女，以達到某些目的。

近代，孩子則被視為「小大人」，被當作半人份的勞動者。然而，這對孩子的身心發展並非有益，因此啓蒙時代思想家開始改變這種觀點。例如，法國哲學家盧梭在他的著作《愛彌兒：論教育》中探討如何根據孩子的發展階段來調整教育的方式。

這是非常重要的事情。然而，這種觀念有如雙面刃，因為這可能會加強「孩子是弱者」的形象，導致對孩子的保護意識日益增強。雖然孩子或許可以就此擺脫勞工身分，但在家長的保護下，孩子反而陷入另一種諸多限制的情況。

從這個角度來看，現在仍然有很多家長認為自己擁有孩子的「所有權」，因此他們試圖按照自己的意願來養育孩子。當然，他們認為自己在做正確的事情，但往往難以意識到這對孩子來說反而是一種困擾。

他們只有在孩子反抗，或者抱怨身心不適時才會意識到這個問題，並且感到後悔。因此，家長也應該及早意識到這一點，並且適度放手孩子的事務。這樣一來，孩子也會自然而然地獨立，建立起個體與個體之間的關係。

或許這番話看起來像是給家長們的建議，但其實並非如此，因為各位在成年後也可能很快就為人家長，等到成為家長之後再來思考這些問題的話，就可能錯失太多時間。雖然學習永遠不嫌遲，但如果能夠在成為家長之前意識到這些問題，才是最好的辦法。

為人家長這件事，也是成為大人的意義之一。因此，在成為家長之前，預先思考孩子是什麼、家長是什麼，以及他們之間應該有什麼樣的關係是很重要的。不要將孩子視為自己的財產，才能擁有良好的親子關係。

最重要的是要找到平衡點。一方面要保護孩子，另一方面也要尊重他們是獨立的個體。有些人認為難以找到這種平衡，但實際上這並不難。只要消除對於孩子的偏見就行了，例如「因為是孩子所以不懂」或者「他還只是個孩子啊」之類的想法。我們應該將孩子視為獨立的個體，同時協助他們完成孩子無法獨立完成的事。只要我們認為孩子和成年人一樣都是獨立的個體，我們對待孩子的態度就會有明顯的改變。

課堂小結

- 「無拘無束」對於哲學來說就像是引擎油一樣，可以讓哲學更容易發揮威力。
- 為人家長這件事，也是成為大人的意義之一。

2 青春為何如此熾熱？

——讓心靈充實飽滿

人生的每個階段都有其特徵與意義，而青春期可以說是最熾熱的一段時光。也因此，青春期對人的內心成長具有特殊的意義。

或許有人認為每個時期都對心靈成長至關重要。不過，青春期的熱情就像讓熱氣球起飛的動能一樣，讓我們的心靈充實而飽滿，彷彿在天空中飛翔。在這個時期，心靈飛行的高度，將會對未來的人生有決定性的影響。

飛得愈高，就能擁有愈寬廣的視野，也能夠擁有更高遠的志向。這一

切都是熱情能夠實現的。和熱氣球不同的是，我們不需要真的點火，就可以讓我們的內心燃燒起來。

這句話是什麼意思呢？當我們全心全意投入某件事的時候，都會有一種內心正在燃燒的感覺，對吧？青春期正好處於兒童和成人之間的過渡階段，大約十幾歲至二十歲左右。在這個時期，不僅會發生理上的變化，對心理也會有一定程度的影響。

雖然我們經常將青春與活力聯繫在一起，但旺盛的精力和內心的成長同時發生交互作用的情況下，就常常會令人做出一些荒唐的舉動。人在青春期的時候可能會做一些大膽的行為，或犯下日後令人捧腹大笑的錯誤，都是再常見不過的了。

這絕對不是一件壞事，正如先前所說，為了讓心靈充實飽滿，這些都是必要的行為。幸運的是，「青春」可以成為我們的免死金牌。彷彿只要說一句「這就是青春啊」，任何人都會變得寬容，畢竟人在年輕的時候或多或少難免會有放縱失控的時候。

順道一提，「青春」一詞最初源自「春」這個字。在中國的陰陽五行思想中，春季是以「青色」表示。有趣的是，英文中的春季是「spring」，也有彈性和跳躍的意思。因此，年輕人應該活力洋溢，就像春天一樣。

某種意義上，我們可以將青春視為社會的成本。為了建立健康的社會，每個年輕人都需要健全地成長。因此在青春期從事大膽的行動是必要的，這是每個人都明白的道理。

反之，如果每個青春期的年輕人都乖巧聽話，那會怎麼樣呢？恐怕只會組成一個欠缺活力的社會吧。因此，希望各位能盡量拋開束縛，大膽放手嘗試。

當然，有人可能會問，所謂大膽的行動，尺度究竟有多大呢？這個問題本身似乎就已經違背了青春的概念。青春的美妙之處在於它沒有標準或範本。不妨就先按自己的方式去試試看吧。

與社會碰撞

讀過前面的文章之後，各位對於青春的印象可能停留在「青春就是戀愛」、「言行荒腔走板」等等，但接下來，我們將談談青春的另一個面向。

那就是與社會衝撞的一面。或許在現今的社會已經難以想像這種情景，但是在各位的家長那個時代，甚至是再上一輩的時代，比如一九六〇年代，日本也曾經有過盛大的學生運動。學生們關注社會的種種問題，對當權者進行批判，並且舉行集會、參加示威活動等等。

不僅在日本，當時全球都出現了這樣的風潮，有人稱之為「學生力量」(student power)。事實上，這些運動有時確實能夠推動政治和社會的變革。

然而，特別是在日本，或許是因為青春太過熾熱，有些抗議運動太過激烈，造成愈來愈多人對運動反感，於是逐漸式微。如今參與社會運動的人數已經變得非常有限。

不過，如果社會走向戰爭，或者朝著不好的方向發展，學生們仍然會不時發出聲音。即使不像從前興起那麼大的波瀾，但偶爾還是會有一些運動對社會產生影響。

以中學生來說，各位有時候也會在學生會當中表達意見吧。如果發現學校出現問題，或者想要改善學校生活，學生會便會蒐集學生們的意見，並與老師討論之後，共同制定新的規則。

或許有些人會認為那是學生會的工作，但實際上每個學生都是學生會的一員，所以實質上各位都參與其中。學生會長和幹部們只是執行者，真正參與做出決策的人是每個學生自己。

對身邊的問題付出關心與熱情，也是青春的一個篇章。有時候也可能會超越學校的範圍，開始關注社會問題，並參與一些活動。無論環境問題還是貧困問題，各位都可以關注或參與，因為無論國內外，這些問題俯拾皆是。

熱情參與並勇敢地碰撞社會的經驗，對於未來成年後的人生是非常重要的。我自己也有這方面的經歷，有時為了校規和老師糾纏到底，有時為了社會問題和大人激烈地爭論。每當回想起當時為何如此投入，至今有時還會感到害羞。

然而，如果沒有這些經歷，那麼當社會需要大人發聲以推動改變的時候，我們可能就無法做到。有些事情需要大人也充滿熱情才能完成，但由於成年人的情感往往有一部分已經冷卻了，再加上工作與家庭的壓力，使得大人相較之下沒有辦法順利地燃起熱情。更重要的原因是，大人已經十分了解社會的運作方式，自然會悲觀地認為問題並沒有那麼容易就得到解決。

從壞的一面來說，因為大人會在心裡經過各種算計。但如果每個人都這樣想，世界就永遠也不會改變。在這種情況下，如果曾經有過燃燒內心熱情的經驗，那份熄滅的心就能夠再次點燃。當我真心認為社會出現問題時，便會重拾青春時代的熱情。

重拾青春時代的熱情，就好像回到那段青澀的歲月。無論年齡高低，人總有時候不得不重拾那顆青澀的心。因此，在青春時期至少一、兩次衝撞社會的經驗是必要的。親身衝撞之後，至少可以讓我們知道，那道社會的牆壁究竟有多麼厚實。

課堂小結

- 我們可以將青春視為社會的成本。
- 對身邊的問題付出關心與熱情，也是青春的一個篇章。

3 成為社會人士並不是終極目標

——人生有終極目標嗎？

經歷了熱情洋溢的青春期之後，我們將前往何處呢？是否要繼續飛得更高，還是要穩健降落登陸？實際上，人生中並沒有這樣的目的地。有些中學生和大學生似乎將成為「社會人士」當作前進的目標，但真正的人生並非如此。

首先，「社會人士」這個概念本身並不夠清晰。如果是指「擔負著社會」的人，那麼所謂的「社會人士」也應該包括兒童在內，因為每個人都是社會的一份子。如果是指本書中談到的成年人，那也有很多大學生已經成年

了，卻還不算是一般人所說的「社會人士」，因此「社會人士」應該也不是本書所指的「成年人」。

如果社會人士的定義是指那些領薪水並且繳稅的人，那麼全職的家庭主婦或是暫時沒有工作的人又是什麼角色呢？換句話說，大家所說的社會人士，通常只是指畢業後的身分而已。

不管怎麼想，這一點都不像是個該為自己設立的人生目標，對吧？尤其現在終身學習的概念已經十分普及，愈來愈多人在進入社會工作之後，仍然重返學校二度進修。因此，「畢業之後就是社會人士」這樣的定義，也不再適用了。

相較之下，以前人們的目標比較明確，往往就是單純地成為一名上班族。這不是笑話，而是以往的事實。在以前的日本社會中，畢業後進入公司，在這間公司持續工作直到退休為止，這樣的人生被視為一種理想的生活方式。如今，可能有些人會討厭這樣的人生，或覺得很無聊吧。

然而，這樣的目標至少是很明確的。在達到那個目標之前，大家努力讀書，盡量在學生時代完成自己的夢想，然後進入公司工作。從這個意義上說，當時許多人的人生目標確實是成為上班族，而不是成為社會人士。對當時的人來說，這就是人生。

以往在日本，男女目標是不同的。很多人認為女性即使進入公司上班，結婚後理所當然要離開職場，成為全職的家庭主婦，扮演好丈夫的後盾。然而，現在情況已經發生了很大的變化，雖然這個變化還不夠徹底。

各位或許也漸漸從討論中感覺到，我們一直在討論的所謂「社會人士」，如今已經不見得只限於上班族。

那麼，人生的目標又是什麼呢？這個問題的答案因人而異，甚至同一個人的答案也可能隨著時間而改變。這也是當今社會的目標，每個人可以做任何自己想做的事情，而且改變多少次都沒關係。換句話說，人人都可以朝著多個人生目標前進。

具體來說，我們的社會已經展現出就業機會的流動性、就業型態的多樣性、以及副業或多重職業等多元的樣貌。前面提到的終身學習也是如此。簡而言之，這表示人們的生活方式已經呈現多樣化。

在這樣的時代，想要設立一個固定的目標是不合理的。人生本來就是複雜的，如果勉強地鼓勵、甚至強制要求每個人都接受相同的生活方式，這樣的想法是理性主義所主導的近代社會產物。從這個角度來說，日本是直到現在才終於真正可說是迎向近代社會的終結，進入現代。

——唯才主義的終結

直到近代為止，人類社會多數時間在理性主義的主宰之下，使得唯才主義（又稱菁英主義）在社會中占據主導地位。望文生義，唯才主義指的是一種觀念，即能力愈高的人，就能得到社會愈高的評價。確實，我們一直遵循這種唯才主義，多數人的人生目標是進入好學校就讀、並且進入優秀的企業努力工作。

乍看之下唯才主義似乎是理所當然，但實際上存在著兩個問題。首先，唯才主義原本應該與學歷無關。然而，為了盡早評選人才，我們早在求學階段就已導入唯才主義，導致能力與學歷之間幾乎畫上等號，使得目前的社會對學歷過度重視。

更嚴重的問題是，無論是學歷也好，工作能力也好，都無法靠努力和才能來獲得。哈佛大學教授邁可．桑德爾[34]就對這一點提出了尖銳的質疑。桑德爾教授在他的著作《成功的反思：混亂世局中，我們必須重新學習的一堂課》當中，正面探討了這個問題。

在美國，唯才主義的弊端導致了前總統川普為代表的民粹主義問題，以及在新冠病毒大流行期間社會的分裂。這不僅是美國的問題，日本也是如此，全球許多先進國家，類似的問題都在發生。

---

[34] 邁可．桑德爾（Michael J. Sandel, 1953-），哈佛大學政治哲學教授，曾獲哈佛大學教學卓越獎。以互動式的教學課堂著稱，著有《正義》、《為什麼我們需要公共哲學》等。

菁英只是因為剛好出生在一個良好的環境，會讀書考試，因此得到比較好的工作機會，僅僅如此而已。然而，社會上有些工作非常重要，但需要大量的體力勞動，從事這些工作的人們卻被認為是因為努力不夠，因而遭受著不公平的待遇。這正是長期以來我們所面臨的社會問題。

這不僅是社會問題，也是關乎每個人生活方式的個人問題。現在，由於新冠病毒的出現，社會的矛盾終於被攤在陽光底下。因為長期以來，這些對社會來說十分重要工作一直被忽視。

當我們因疫情而困在家中的時候，就能體認到如果沒有廚師和倉庫的配送人員，我們根本無法生活下去。無論什麼時候，這些人都持續不斷地工作，努力維持社會大眾的生存所需。

或許在未來的社會中，就算依循唯才主義的路徑追求成功，也不一定能夠保證一切順遂。因為這種追求成功的方式反而讓社會陷入扭曲。相反地，勝敗不再是唯一考量，我們應該基於互相支援的前提來做好融入社會的準備。這樣的生活態度才是社會真正所需要的。

因此，我們的目標不應該是學業成績第一名或是進入所謂的名門大學，而是學習自己熱愛的事物，以及學習社會真正需要的技能。這麼一來，不僅能讓自己快樂，更透過相互扶持，建立一個包括自己在內的全體都能享受幸福的社會。如果要設定成年後的目標，莫過於讓自己的內心懷抱這樣的信念吧。

課堂小結

- 有些中學生和大學生似乎將成為社會人士當作前進的目標，但真正的人生並非如此。
- 如果勉強地鼓勵、甚至強制要求每個人都接受相同的生活方式，這樣的想法是理性主義所主導的近代社會產物。
- 乍看之下唯才主義似乎是理所當然，但實際上存在著兩個問題：一、目前的社會對學歷過度重視。二、無論是學歷也好，工作能力也好，都無法靠努力和才能來獲得。

4 繭居族是成功的起點？

——問題出在社會本身

唯才主義或其背後的理性主義所帶來的扭曲現象，與近年來嚴重的社會問題——繭居族有關。或許各位身邊也有這樣的人吧。

或者說，包括各位在內，每個人都隨時可能會成為繭居族。坦白說，我自己也是繭居族的過來人。這個問題最早在一九九〇年代受到關注。當時，繭居族這個詞彙開始出現，社會也開始關注這個待在家中，不上學也不工作，不與家庭成員以外的人交流的族群。

當時二十多歲的人如今已經五十多歲，而八十多歲的家長仍然在照顧

他們，因此所謂的「八〇五〇」問題就成為最近的社會話題。如果一個不小心，或許我也會成為其中之一。

一九九〇年代可說是理性主義開始面臨困境的時候。比九〇年代稍早之前，思想界已經預言現代之後的時代現象，稱為「後現代」。實際的發展情況稍微遲於思想，以日本來說，九〇年代開始出現各種問題，其造成的亂象也持續至今。

這樣看來，繭居族現象可說是社會中部分人對過度發展的理性主義感到不滿的呼喊。理性主義向來是現代社會的主導原則，強調競爭和一致性；在這種壓力下，受不了的人可能就成了繭居族。也因此，他們一直被視為社會的失敗者。當然，也有一些人是由於心理疾病才成為繭居族，但仍然有許多繭居族被認為是他們自己的過錯所造成的。即使大家表面上不這麼說，自己也會感受到被貼上負面標籤。作為過來人，我有很深的體會。

但是，現在回想起來，問題其實在於我們的社會過度追求理性主義。那麼，也許反而是繭居族比一般人更符合正常的人性才對。

並不是因為我自己有繭居族的經歷才這樣說的，而是從邏輯的角度得到這樣的結論。

如果由於社會結構的原因，某一部分的人們從這個結構中脫離了群體，就表示這個社會結構出了問題。例如，功利主義的思想是為了「最多數人的最大幸福」而不惜犧牲少數人。但這未必是正確的。尤其當少數人的數量逐漸增加，多到不容忽視，並且已經成為社會問題時，我們便必須承認是社會結構本身出現問題。

實際上，根據二〇一八年的政府調查，十五歲至三十九歲的青壯年繭居族已經達到約五十一萬人，而四十至六十四歲的中老年繭居族則達到六十四萬人，合計超過一百一十五萬人。不過，像繭居族這樣敏感的個人資訊可能無法在政府的調查中完整呈現出來，因此就算實際上還有更多的藺居族也不足為奇。

那麼，我們應該建立什麼樣的結構才好呢？答案是我們必須與過去的方向相反，也就是停止過度的競爭，並且廣納多樣性。這裡所說的並不是「寬鬆教育」那樣減輕學習負擔的概念。相反地，我們應該保留某種程度的競爭，但也應該尊重退出競爭的自由，以及提供機會給那些曾經退出競爭，稍後又重回競爭行列的人們。當然，藺居族也可以是其中一個選項。我們建立的社會結構，必須要能夠因應、支持各種不同的情況。

想競爭的時候就去競爭。同時也尊重不想參與競爭的自由，並且確保這些人即使不想競爭也不會受到不利影響。即使是已經離開競爭場域的人，如果他們再次想參與競爭，我們也應該讓他們有機會回到競爭的道路上。但回過頭來看看我們當前的社會，只要有人想退出競爭，往往會永遠被貼上失敗者的標籤。

如果可以中途回到競爭的行列而不會有不利的影響，我們就可以將藺居族當作人生某一時期的暫時選項吧。每個人都會有希望獨處的時候，繭居族只不過是這段獨處期間可能稍微長一點而已。就像有人說休息是為了走更長的路，如果我們的社會體制能夠保留這樣的彈性，繭居族在回到社會之後，或許就有更高的機會能夠獲得發展。

我自己本身正是如此。現在之所以能夠小有成就，正是拜二十多歲時的繭居生活所賜。我們不需要把繭居族視為社會問題，更不需要完全否定繭居族。我們只需要更大膽地改革制度，才能創造個人與社會的雙贏。

——不要將常態強加於人

我們應該採取什麼樣的觀點，才能大膽改變社會體制呢？我希望大家從當事者的角度出發，考慮到自己有一天將成為大人並且為人家長，再來思考這個問題。

首先，繭居族和逃學之所以被視為問題，是因為它們並不是「常態」。一般大眾認為，所謂的「常態」就是「孩子應該要去學校」，並且「應該與家人和朋友交流」。然而，我們也應該要注意到，將「常態」強加於人所造成的負面影響。

「常態」這個詞聽起來似乎是無害的，甚至有益的，但真的是這樣嗎？「常態」的意思就是與大多數人相同，和好壞與否的價值判斷無關。

然後，一旦它成為一個規則，人們就會認為它是一件好事，因此應該這麼做。例如，如果每個人都能參加第七節課，那就成為一種常態，無論多麼痛苦都必須忍受。如果每個人都能忍受在冬天的體育課穿短袖短褲，再怎麼冷也不得不忍耐。這就是常態的意思。當然，依照實際情況的需要可以容許某些特別待遇，但這些狀況並不會被視為常態。

學校就是一個充滿著這種「常態」的地方，學生不得不去迎合大多數的人。如果標準和大家不一樣，就會吃足苦頭。無法適應的孩子將被貼上

「特殊」的標籤。學校有一些冠著「特殊」字眼的教育制度，無法適應常態的學生，就成了這些特殊制度的適用對象。

雖然名為「特殊」，卻顯然不是一個會得到尊重的身分。因此每個人為了避免成為「特殊」的一份子，只好努力忍耐，勉強配合「常態」。然而，這種忍受是有限度的，而這也是繭居族和逃學問題的原因之一吧。

因此，我們應該做的是停止將「常態」強加於人，並且消除「特殊」的概念。換個方式來說，每個人都應該是「特殊」的。不過，如果真的要實現這一點，每個人參與的活動可能都不一樣，在教學現場有再多的老師可能也不夠用吧。

但至少，現在我們可以透過科技實現類似的目標。老師並不需要同時教導三十名學生相同的內容。每個人都可以按照自己的節奏參與線上錄製課程，而老師只需擔任協調者的角色，可以管理進度並提供建議。

雖然群體活動也很重要，但並非要整個班級或整個年級都做相同的事情才能發揮效果，在比較少人數的小組也可以從事團體活動，而且可以更靈活地進行。

最重要的是，我們必須尊重每個人的步調。在這個迎合「常態」被視為美德的國家，如果成為「特殊」也可以被視為一種美德，這些與孩子們息息相關的社會問題才能夠得到解決的機會。

課堂小結

- 當少數人的數量逐漸增加，多到不容忽視，並且已經成為社會問題時，我們便必須承認是社會結構本身出現問題。
- 在這個迎合「常態」被視為美德的國家，如果成為「特殊」也可以被視為一種美德，這些與孩子們息息相關的社會問題才有機會得到解決。

5 持續滾動下去吧

——成為堅韌的通才

在本章曾經談到，我們的目標並不在於成為社會人士，而是希望能夠時時追求自己喜歡的事物。同時，我也提出了一個大膽的建議，也就是不妨將繭居族當作人生中某個時期的一個選項。

正如我多次提到的，這是我從二十多歲開始實踐的生活方式。說實話，那時候很多人對這種生活方式抱持否定的看法。畢竟三十年前，還是一個視理性主義為理所當然的時代。

因此，身邊的人經常告誡我一句話：「滾石不生苔。」意思是滾動的石

頭上不會長出青苔。

當時，有些人拿這句話來責備那些無法安定下來、不停變換工作或生活型態，因而一事無成的人。

然而，這句成語也有另一層含義。知名的英國搖滾樂隊「滾石樂隊」的團名也傳達了同樣的意義，那就是持續不斷地滾動前進的石頭上不會長出青苔，代表的是一種積極正面的情境。

過去，每當有人對我說「滾石不生苔」的時候，我總覺得那也無所謂。如今，社會價值觀發生了很大變化，身邊也有愈來愈多人用「滾石不生苔」的正面積極的含義來形容我的人生。

各位可能會認為，持續滾動的生活或許很有趣，但是應該也會有人說：「沒有青苔的石頭，不就表示一事無成嗎？」其實，滾動過後並不會一無所有，至少滾動過的石頭會留下滾動的痕跡。

如同人們經常用足跡比喻成就，每個人走過的足跡都是他們取得成就的證明。雖然擁有各種經歷的人不見得會成為某個領域的專家，但他們卻擁有應對各種事情的韌性。

當前的時代已不像過去那樣單純，已經無法依靠單一的專業能力來解決問題，因此社會需要的正是能夠應對各種問題的能力。

正如我在第四章中談到的，社會課題的解決日益受到重視，而所有的問題都包含複雜的要素，如果不能夠全方位地處理，就無法解決課題。

當然，這需要不同領域的專家提供協助，但如果和過去一樣每個人都想成為專家，就無法應對今後不斷出現的社會問題。

將目標放在成為各領域的專業人士固然也是一件了不起的事，但今後的社會，將會需要更多堅韌的通才，以應付各式各樣的問題。

要怎麼做才能成為一個堅韌的通才呢？只要藉由哲學思考的訓練，思考各種事情，並且逐漸培養自己的意見，就可以開始展開這樣的人生吧。只要一直記得，持續哲學思考，持續滾動前進。

──為人生創造奇蹟

我的人生過得還算順遂，除了每天以大學教授的身分從事教育和研究工作之外，同時也以哲學家的身分出書或是參加電視節目。也因此，經常聽到來自周圍的讚賞，像是「最近很紅喔」之類的。回想起在二十多歲時將近五年的失業歲月，幾乎令人難以置信。

但這並不是因為我付出努力才達到今天的成就。當然，我也付出了相應的努力，但每個人都是如此。大家都會努力準備考試，但並不是每個人都能合格。

究竟是什麼東西，造成不同的結果呢？其實這就是哲學帶來的奇蹟。在本書的最後，我想告訴大家創造奇蹟的方法。或許聽在有些人的耳裡，會期待這個奇蹟就像是《哈利．波特》那樣的魔法故事，可惜並不是那麼一回事。

身為一位哲學家，我只能說符合邏輯的話。但我說的創造奇蹟，確實是事實，也可能發生在每個人身上。「奇蹟」這個詞通常用來形容在意想不到的情況下發生的驚人事件。就這種意義上的奇蹟而言，各位應該能夠理解這樣的奇蹟確實可能發生在每個人身上吧？

重要的是，這是哲學帶來的奇蹟。關於哲學的意義，前面已經談論多次，此處就不再贅述，但這是迄今為止大家日常生活中不太習慣的思考方式。對我來說也是如此。

以目前的學校教育來說，哲學並不是必修課程，不像九九乘法、語文、背誦英文單字是每個人都必須學習的內容。九九乘法可以幫助我們快速計算，學會語文就可以閱讀各種書籍，也就是說，我們往往能夠預期學習帶來的效果。

然而，就哲學而言，由於以前沒有學習過，因此我們無法預測學習哲學能夠帶來什麼樣的結果。

其實我自己也不知道。教科書上說，學習哲學可以幫助我們理解事物的本質，可以讓我們的人生更美好，但卻沒有更多具體明確的說明。但反過來說，藉由學習和實踐哲學，就有可能發生我們無法預料的事情。這就是我說哲學能帶來奇蹟的意思。在我的人生當中，哲學也確實帶來了奇蹟。

藉由學習哲學，我能夠質疑先入為主的觀念，也開始質疑大家都認為是正確的事情。這讓我能夠找到對自己來說更好的生存之道，並挑戰各種新的事物。

只要有勇氣挑戰別人不曾嘗試的事，就能夠透過哲學明白事物的本質，我們也會擁有自信和勇氣告訴自己這絕對不會錯，一定會成功。

如果各位因為讀了這本書而開始計畫學習哲學，我相信各位將會經歷許多令人驚訝的奇蹟。例如，藉由學習哲學，各位將能夠擁有自己的觀點。也許現在無法相信，但這就會是發生在各位身上的奇蹟。

我希望大家能相信哲學，並且為自己的人生創造奇蹟。事實上，本書的讀者已經踏出學習哲學的第一步。或許在各位的生活當中，已經開始發生種種奇蹟了吧。

課堂小結

- 雖然擁有各種經歷的人不見得會成為某個領域的專家，但他們卻擁有應對各種事情的韌性。
- 哲學帶來奇蹟。
- 藉由學習哲學，我能夠質疑先入為主的觀念，也開始質疑大家都認為是正確的事情。這讓我能夠找到對自己來說更好的生存之道，並挑戰各種新的事物。
- 相信哲學，並且為自己的人生創造奇蹟。

給親愛的家長和老師

與「小小哲學家」對話吧！

我將本書讀者設定為十八歲以下的國中生與高中生，試著對中學生闡述我的想法。或許有些內容對國中生來說有點困難，但我希望這些內容可以啟發他們的思考。

當然，我也期待十八歲以上的「大人」閱讀本書，特別是國中生和高中生的家長與老師，我希望大人們閱讀之後，能夠向孩子們推薦這本書。畢竟國高中生通常不太會主動去閱讀這類嚴肅主題的書籍。

無論內容再怎麼重要，如果沒有機會被看到，那也只是枉然。

為此，我想在本書的最後寫這樣一篇給家長和老師的附錄，特地達一些想法。首先，我希望各位能與身邊的「小小哲學家」多多進行對話。事實上，「小小哲學家」是一部法國紀錄片的片名（Ce n'est qu'un début）。

法國某間幼稚園曾經開設一門給幼稚園學童的哲學對話實驗課程。起初，這些孩童似乎不明所以，也不太感興趣，但在兩年的時間當中，他們獲得顯著的成長。

最終，他們能夠進行完全不亞於成年人的深度哲學對話。老師強調，家長在家中也必須仍然持續這樣的對話。畢竟幼稚園的這門課程，每月不過數次而已。

但是，一旦孩子們對此產生興趣，他們就會在家中主動進行這樣的對話與發想。當家長也參與其中時，思考便會更加深入。我認為這也是現今的國中學生所需要的。

正如我在本書中強調的，即使學校開始進行哲學對話和哲學思考的課程，如果僅僅止步於此，那麼它終究只不過是一門學科而已，無法應用於現實社會。而且，哲學與其他學科不同，無法靠自己一個人練習寫考卷就得到進步。哲學是在與各種人交談中不斷磨練和發展的。

這時候，孩子身邊的大人們，也就是家長和老師，就是最合適的交談對象。如果交談的對象是家長，孩子們可以談談他們內心的煩惱，家長無疑是最適宜的傾聽者。如果交談的對象是老師，剛好可以讓孩子們談談他們在學校面臨的問題。

如果能將實際遇到的問題作為思考的題材，孩子們勢必會更加認真地參與討論。這將使他們更能感受到哲學不僅僅是一門學科，而是解決自己切身問題的工具。最終，他們更有機會體認到哲學也可以成為解決社會問題的工具。

將國高中生稱為「小小哲學家」，或許對他們有失尊重。幼稚園的孩子們當然年齡和體型都比較小，但以國高中生來說，「小小哲學家」指的並不是他們的年齡或體型，而只是因為他們是初次接觸哲學的年輕人。

我們將歷史上某些哲學家稱為「大哲學家」，但其實在成為如此偉大和達觀的哲學家之前，每個人都只是小小的哲學家。包括我自己也是如此。

我希望各位家長老師都能與這些小小哲學家展開對話。這不僅對他們有幫助，同時也對我們大人有益。每當我和國高中學生對話時，總是對他們的觀點和活力感到印象深刻。

隨著年齡的增長，我們的觀點會變得固執難以改變，活力也會逐漸喪失。因此，與國高中生對話是十分珍貴的機會，可以激發活化成年人的思考。仔細想想，改變社會並不只是年輕人的責任，當然也不只是成年人的責任，而是需要我們大家一起共同努力。因此，共同思考是理所當然的事情。我希望各位能以平等的態度參與對話，而不僅僅是充當陪伴對方的角色。這麼一來，對話一定會更加有趣。

「倫理課」與社會的倫理

日本目前的學校教育當中，我們只有在高中的倫理課才能接觸到哲學這門學問。然而，高中並不是義務教育，而且有些學校將倫理課列為選修，甚至沒有倫理課，因此許多學生根本沒有機會接觸到哲學。

然而，正如我一直強調的，如果哲學是幫助我們成為大人的工具，那麼沒有機會學習、甚至沒有機會接觸哲學的其他人，究竟該如何扮演好成年人的角色呢？

日本擁有蓬勃發展的動漫文化，不少人揶揄就連成年的商場人士也會在通勤的電車上閱讀少年漫畫。雖然少年漫畫描繪的是不成熟的主角逐漸成長的情節，但在這樣的文化底蘊之下，受歌頌與讚揚的仍然是「不成熟」本身。

從文化的角度來說，這或許是個有趣的現象，但如果這是一個永遠拒絕成為大人的心理機制，那又會造成什麼影響呢？這麼說來，日本人確實不太擁有自己的意見，也不太願意公開發表個人觀點，對於社會責任的承擔也表現出消極的態度。

一個國家想要培育出什麼樣的公民，會將這樣的態度體現在國家制定的教育內容當中。但至少到目前為止，日本並沒有培育公民在成年後應該積極參與建構社會的意識。事實上，就連政治教育也沒有得到國家足夠的支持。

坦白說，即使現在將「倫理」這門學科設為必修學科，或者在國中就強制實施倫理課的教學，也不會取得多大的效果。因為現行的「倫理課」，只不過是背誦知識的學科而已。

當然，最近的大學入學考試逐漸開始強調思考能力，但即使如此，在統一試卷的選擇題形式底下，終究還是有其極限。因此，所謂的思考能力測驗，實際上只不過是類似邏輯問答罷了。

許多公民，包括許多年輕人只能藉由這種方式接觸到「倫理」，這是非常不幸的。舉一個例證來說，我經常問大學一年級的學生有沒有人喜歡「倫理課」，但幾乎沒有人舉手。想當然耳，根本不可能有人喜歡這種枯燥乏味的背誦學科吧。

希望各位不要誤解，這麼說並不是在指責高中老師。相反的，一般師長應該都希望能夠對學生多談談關於人生的事情，也希望學生們能夠更積極地思考人生吧。

然而，我們的課綱卻不允許老師這樣做。因此，這是國家的問題，也是當代所有大人的問題，包括我自己在內。我倡導改革「倫理課」的理由正在於此。

如果要教授倫理，就應該清楚地將哲學與真正的倫理分開，並將課程重點聚焦在社會所需的倫理，也就是什麼才是正確的。

在社會上，經常需要重新反思「正確」的定義。包括商業倫理、環境倫理，以及最近的人工智慧倫理等。因此，我們需要培養能夠為自己制定正確性標準的能力，並應對不斷出現的各種嶄新的問題。

小學和國中的道德教育也是同樣的情況。雖然道德教育不是背誦學科，但在某種意義上，學生仍然在背誦並模仿一個生活方式的範本。

每個人的生存之道都應該要靠自己去發現。對我來說，由國家來告訴大家生活方式的範本並不是正確的做法。道德教育不應該將大人的價值觀強加在學生身上，我們應該讓哲學走進校園，讓孩子們練習從零開始思考。

改變通識教育中的哲學

那麼，大學的「哲學」課程又是什麼情況呢？日本的學生大概要等到大學的「哲學概論」，才終於有機會接觸到名為哲學的課程吧。這是所謂的通識教育學科之一。一般來說，除了哲學系之外，在大學讀到哲學的機會就只有通識課程而已。

這樣的通識課最多兩個學分，也就是每週一堂課，半年共計十五堂課，再少一點的話可能就是一個學分，半年大約八次左右。而且在大多數情況下，教授會專注於自身狹隘的研究範圍內的哲學主題進行授課。如果教授是黑格爾的專家，那麼課堂內容八成是以黑格爾為主吧。

還有另一種情況，因為學生都是哲學的初學者，因此這樣的入門課程多半以哲學史的介紹為主。從古希臘開始，一直延伸至近代、現代，簡要概括地介紹哲學思想的演變。

然而，這樣的課程似乎與高中的倫理課沒有什麼分別。這也是為什麼這些課程並不太受到學生歡迎。雖然課程內容的吸引力可能是見仁見智，但範圍太過狹窄又太過專業的內容，恐怕是理所當然令大多數學生感到無趣，粗略而廣泛的哲學史通盤介紹，也未必能引起學生的共鳴。那麼，應該怎麼辦才好？

我認為應該讓學生真正明白哲學原本的意義，也就是思考的工具。既然它是一個工具，我們就應該盡可能地讓學生實際使用這個工具。因此，我自己是將哲學入門課程的主題設定為「如何使用哲學？」

在課堂上，我會利用各種方式，實地指導學生如何將哲學作為思考的工具，進行具體地操作與實踐。可能有人會說，在一個超過上百名學生的課堂上，這是不可能辦得到的。

但真的是這樣嗎？哈佛大學著名的邁可．桑德爾教授就是一個例子，他在課堂上與一千名學生進行對話，同時還讓部分學生個別參與習作，成功地拓展了教學的可能性。

目前我也是以這樣的方式與學生進行對話，並且讓學生參與習作。如果有人認為在學生人數眾多的課堂上只能由老師單方面地發言，這樣的觀念顯然是錯誤的。無論人數多寡，雙向且伴隨實踐的教學都是可行的，即使是線上課程也同樣適用。

畢竟，這是學生第一次接觸哲學課程。如果課堂令他們感覺枯燥乏味，他們可能會一輩子都不會對哲學再多看一眼。這對他們成年後的發展來說，會是一個巨大損失。因此，即使犧牲課程內容的嚴謹及知識含量，我們也應該讓學生真正體會到哲學是一門能夠實際發揮用處的學科。更重要的是，讓學生打從心底喜愛哲學，才是為人師最優先的目標。

令人期待的新學科「公共」

先前我們談到高中倫理課與大學通識哲學課程的問題點。然而，目前出現了一個能夠一次解決這些問題的可能性。這個可能性就是，自二〇二二學年開始，日本高中將導入一個名為「公共」的新學科。

正如在第一章提到的，公民這門學科旨在教授哲學與倫理，前者是一門思考的學問，後者則是社會正義的標準。根據我的印象，大約三分之二的課程內容是政治教育，其餘約三分之一是哲學。

政治教育的內容當然也可能包含很多面向，但如果主要內容在於思考社會問題，那麼它也可以被視為哲學教育的一環。這是因為哲學所關注的領域不僅包括個人，也包括社會。換句話說，哲學的工作不僅僅關乎個人問題，還包括思考社會問題。

按理來說，公共課的哲學部分應該會嘗試思考實驗或進行哲學對話等等，但當我向參與設計這門課的老師詢問之後，才發現這個理想的進行方式其實並不容易。首先，課堂有時間限制，再者，這終究是一門學科，需要進行學習評量。因此不可避免地，還是必須教授學生一些重要的關鍵詞。

在高中體制下或，許這也是無可奈何的事，但也不免令人擔憂這門課會不會因而重蹈倫理課的覆轍。雖然客觀評鑑並非易事，但還是希望能夠盡量根據學生的思考成果來進行評量。

我曾經在高中公民教師的研習會上提出這樣的想法，當時有老師提問，究竟該怎麼讓學生思考沒有「唯一正解」的問題呢？而且，要怎麼來評量學生的答案呢？當時我的建議是，只要評估學生是否真的努力投入思考過程就可以了。當然這也不一件容易的事，但學生是否認真思考，應該是能在整個過程中從旁觀察得知的。

因此，真正困難的可能是如何以數值量化呈現評量的結果，譬如該怎麼評價這個學生的思考成果是A級、B級，或C級？或許，我們可以不再堅持用量化的評量方式，而是採用更具哲學意義的表達方式。畢竟，哲學的本質就是試著用用言語表達那些原本難以言說的概念。

或許我們可以用另外一種方式來呈現學生努力的程度。譬如：「某生為了表達自己的想法，創造了超越一般常識的新詞彙，面紅耳赤地努力解釋該詞彙的含義。」這樣的成績單評語想必生動有趣多了吧。當然，如果是一般學科的話，以這位某生的表現來說，可能就是會評為最高的A級。

既然哲學成為學校中的一門學科，那麼老師自然也無可迴避，必須一起加入哲學思辨的行列當中。包括成績的評定，都可以透過哲學思辨來進行。或許將來，我們可以期待學生和老師之間出現精采的哲學思辨賽局。

最重要的學科其實是「哲學」!?

雖然在日本目前的學校體制當中，只有大學有哲學這門學科，但我認為哲學才是所有學科中最重要一門學科。這並非誇大其辭，也不是玩笑話。

追本溯源，所有的學科都可以追溯至哲學，這絕非言過其實。被譽為「萬學之母」的亞里斯多德本身就是一位哲學家，這就是一個證明。因此，各門學科頂尖專業人士被授予的博士學位，英文即為「Ph.D.」。其中的「Ph」指的是「Philosophy」，也就是哲學。

因此，哲學可說是所有學科的頂點。或者我們也可以說，任何一個學科，極度專精的人士都可以被視為哲學家，因為哲學就是一門研究本質的學科，因此無論是哪個領域的博士，都可以被稱為該領域的「本質探索者」。

如此一來，我們便不難理解哲學對於每個追求學問的人來說有多重要。因此，即使是小學生、國中生或高中生，哲學也理所當然會是一門重要的學科，因為它本來就是培養思考能力的基礎。

在小學階段，學科包括國語、數學、自然、社會、英語，甚至體育和音樂，其實每個學科都需要思考。沒有思考能力，就無法學習這些學科。即使是所謂重背誦的學科，思考也是不可或缺的。

舉例來說，很多人認為歷史是一個典型講求記憶背誦的學科，但這是錯誤的，因為僅僅死背年號和人名對我們不會有任何幫助。只有當我們思考為什麼在那一年發生了那樣的事件，以及那些歷史名人在其中扮演的角色，歷史知識才能真正產生意義。

有些人可能會將答案死背下來，但這是沒有意義的，因為只要稍微改變提問的角度，他們可能就無法回答了。因此，如果學校將哲學作為思考的基礎學科來進行教學，學生就不會再盲目地背誦。因為哲學就是一門培養思考能力的基礎學科，無論數學或體育都能夠適用。

我們可以想像一下，假設哲學真的成為小學和國中的義務教育課程的話，可能會造成什麼樣的狀況。首先，學生們在計算數學問題時不再只是機械地套用公式，而是會對為什麼這樣計算感到興趣，並且開始尋找不同的解題方法。這麼一來，不出幾年，數學的難題可能會被小學和國中生解開，這是完全有可能的。

至於社會科，學生們將開始對課本上的內容產生疑問，陸續舉手發言討論。學生們也會因此開始關心政治議題，從而大大提高年輕人的選舉投票率。或許小學生的夢想職業，也會從YouTuber轉變為政治家吧。

如果我們將哲學引進義務教育體制，當前日本所面臨的教育問題以及社會問題或許都能迎刃而解。至少我們比較可以期待有這樣的可能性。然而，如果大人對此猶豫不前，那只能解釋為大人們對某些事物感到害怕。或許，那可能只是成年人內心對社會可能發生巨變而感到恐懼。

讓你繼續自我提升的更多哲學好書

關於本書提及一些哲學家與哲學概念，礙於篇幅，難以在本書提供更詳盡的說明。如果各位想進一步了解這些內容，不妨參考以下書籍。

雖然我鼓勵各位讀者盡量閱讀經典原著，但對於國中生和高中生來說原典難度較高，因此本書會介紹一些入門書和解說的著作。經典原著可以盡量選擇比較容易理解的翻譯版本，以後再閱讀。

這類書目或許令人生畏，但此處的選書原則是「真正適合國中生和高中生閱讀的作品」，每一本都是精選的優良書籍，因此請各位勇敢嘗試吧。以下書籍，大致按照本書提到的哲學概念的順序。

康德《論永久和平》（*Zum ewigen Frieden*）、

《啟蒙是什麼》（*Beantwortung der Frage: Was ist Aufklärung?*）

《啟蒙是什麼》是本書最早提及的經典著作。康德以深奧著稱，但我希望各位能夠嘗試閱讀。如果已經理解我在前言的說明，應該能夠順利閱讀才是。重點在於，所謂的未成年與年齡無關，而是指那些不了解如何運用智慧的人。《論永久和平》則是康德著名的和平論的代表作，也是國際聯盟的基石，建議一併閱讀。

盧梭《社會契約論》（*Du contrat social ou Principes du droit politique*）

盧梭以社會契約說的理論聞名，而此一理論的著作就是《社會契約論》。雖然這是一部經典之作，但體裁不厚，而且內容不算難懂，只要理解其主旨，應該是可以順利閱讀的。簡而言之，盧梭想要表達的是基於一般意志，即人民的共同意志，國王應該被取而代之，由人民自己統治社會。而這一主張也啟發了法國大革命的誕生。

齋藤幸平《「人新世」的資本論》（人新世の「資本論」）

這是一本具有開創性的著作，與一般觀點不同，作者認為馬克思晚期思想主張「棄成長共產主義」。隨著新的資料不斷浮出水面，書中有力地論述了馬克思所提倡的社會主義顧及了環境問題，符合現代社會的理想。雖然馬克思的《資本論》非常有名，但國高中生直接閱讀的難度較高，因此對於想要閱讀《資本論》的讀者來說，這本書可以作為理解馬克思思想的入門之作。

小川仁志《艾力・賀佛爾——愛自己的一百句話》

（エリック・ホッファー　自分を愛する100の言葉「働く哲学者」の人生論）

本書第三章談到賀佛爾的工作觀念以及他充滿波折的一生。提到賀佛爾，通常會想到他的名著《港口日記》，以及他的自傳《艾力．賀佛爾自傳》。然而，這兩者都略嫌簡短，因此我嘗試自己總結他的言論和生平，並寫成這本書籍。對賀佛爾產生興趣的讀者，建議可以進一步閱讀他的經典作品。

亞里斯多德《尼各馬科倫理學》(*Aristotle Nicomachean Ethics*)

本書第二章提及亞里斯多德有關友情的論述。亞里斯多德用「Philia」這一概念來表示友情。雖然這個詞的原意是指愛或友愛，但我們可以概括理解為友情。閱讀這本經典之作，應該能夠完整理解亞里斯多德對於友情的觀點。這本書籍雖然僅有一部分內容涉及友情，但只要理解亞里斯多德的整體思想，便能理解友誼的重要性。

今村仁司等編《知性的教科書——黑格爾》（知の教科書 ヘーゲル）

黑格爾探討許多主題，也有許多關鍵詞，每個用詞都深奧難解。因此，我不建議直接閱讀他的原著。這本書籍談到了黑格爾的家庭觀、辯證法、絕對知識等主題，建議各位可以從這本書籍出發，了解這些概念的含義。

沙特《存在主義是一種人道主義》（*L'existentialisme est un humanisme*）

本書第二章談到沙特與他的戀人西蒙・波娃的婚姻觀。儘管這本書籍的主題不在於此，但理解這種突破傳統格局的思考方式是由什麼思想衍生而來的，是很重要的一件事。而個問題的答案就在《存在主義是一種人道主義》當中。這本書籍是以介紹沙特存在主義思想的演講稿為基礎，因此十分容易理解。

巴斯卡《沉思錄》(*Pensées*)

本書第二章談到著名的「思考的蘆葦」一詞，而這個概念出自巴斯卡的遺作《沉思錄》。除了巴斯卡許多格言般的箴言之外，這本著作還包含他擁護基督教的言論。至少箴言的部分，我認為對中學生而言不難閱讀，是一本值得一讀的經典之作。

笛卡兒《談談方法》(*Discours de la méthode*)

本書第二章提及笛卡兒的名言「我思，故我在」，這句名言出自他的經典《談談方法》。這本著作篇幅十分簡短，各位務必嘗試一讀。笛卡兒哲學的核心在於透過一連串的懷疑來發現絕對不可懷疑的事物。這也是一種質疑自我的意識，並以「我思，故我在」來傳達此一思想。只要把握這一點，即使是年代久遠的經典作品也不難理解。

漢娜・鄂蘭《人的條件》(*The Human Condition*)

本書第三章介紹了漢娜・鄂蘭的哲學思想，她提到勞動、工作和活動這三個面向，其中她特別強調的是活動，也就是廣義上的政治活動。也因此，漢娜・鄂蘭被譽為公共哲學的先驅。雖然這也是一本經典原著，而且篇幅龐大，但只要掌握上述重點，應該還是能夠順利閱讀的。或許稍具挑戰性，就請各位勇敢嘗試看看吧。

中岡成文《增補哈伯馬斯：溝通行為》

（増補ハーバーマス——コミュニケーション的行為）

哈伯馬斯的哲學極為艱澀。本書第三章談到溝通行為的概念，出自他的代表作《溝通行為理論》，但由於內容艱深，即使大學生也需要老師的解釋才能理解。因此我推薦這本入門書，雖然仍然不易閱讀，但至少可以幫助各位了解它的困難程度。只要吸收足夠的相關知識，並且經過多次閱讀後，應該還是能夠逐漸理解的。

御子柴善之《自己思考的勇氣：康德哲學入門》

（自分で考える勇気——カント哲学入門）

本書第四章提到康德的「物自身」的概念，但要正確理解此一概念，實在是極其困難的。康德的經典原著《純粹理性批判》本身非常難懂，對於國高中生而言，恐怕難以獨力閱讀。因此，在此介紹這本入門書。這本書概念正是為國高中生編寫的，可說是最平易近人的康德思想入門書籍。

鷲田清一《想像的課程》（想像のレッスン）

本書第四章談到我們如何觀看那些看不見的事物。正如書名所示，想像也是需要經過訓練的。這本書以藝術為主題，探討我們應該如何進行想像才能夠超越可見事物，以及應該如何進行哲學思考。乍看之下並不像哲學方法論，卻是一本具有開創性的哲學方法論的文本。

盧梭《愛彌兒：論教育》(*Émile: ou De l'éducation*)

本書先前介紹過盧梭的其他著作，但盧梭還有另一部談論教育的經典著作，就是《愛彌兒：論教育》。這部哲學著作奠基於一個故事，描述虛構的少年愛彌兒以及虛構的家庭教師之間的教學過程。這個少年很可能就是盧梭本人，而家庭教師也可能是盧梭自己吧。因此，現實與理想以非常真實的方式描繪出來。雖然這是一部內容龐大的經典著作，但非常易讀，請務必閱讀看看。

最後，想聽聽你的意見

如果在學校或者出了社會後，有人問：「你的意見是什麼？」你會如何回答呢？或許你無法立即回答，也或許這樣的問題並不常見。

這是因為過去每當老師講話或有人發表意見時，我們大部分都是全盤接受那些話語，彷彿那番話本來就是自己的意見，只需點頭稱是。使得思考變成只是一個被動的聆聽行為而已。然而，現在情況已經不同了。

正如本書所述，我們需要在成年之前培養自己的意見。為此，未來的學校教育將會培訓學生擁有自己的意見。這是與過去最大的不同之處。經過學校的培訓，日後各位進入社會時應該就能夠發揮這樣的能力。

因此，不只是未滿十八歲的年輕人，只要是接受這種教育成長的成年人，在未來，每個人都將成為能夠擁有自己意見的人。這將鼓勵每個人在聆聽別人說話時，都會獨立思考並形成自己的意見。因此在對話中，必須習慣去交相詢問「你的意見是什麼？」被問到的人也必須回答。

這就是未來社會的樣子，哲學也將成為這種教育的核心。關於它的重要性，本書已經談得夠多了，接下來就看各位是否能夠充分理解這層意義並付諸實踐。

我們應該創建一個讓每個人都在十八歲之前學習哲學的社會，並讓每個人都擁有自己的意見。這是我的意見。那麼，你的意見是什麼呢？

二〇二二年一月

小川仁志

ithink
RI7008

成為大人的第一堂哲學課

•原著書名：中高生のための哲学入門•作者：小川仁志•翻譯：談智涵 •排版：鄭佳容 •美術設計：廖勁智•責任編輯：徐凡•國際版權：吳玲緯、楊靜•行銷：闕志勳、吳宇軒、余一霞•業務：李再星、李振東、陳美燕•總編輯：巫維珍•編輯總監：劉麗真•發行人：凃玉雲•出版社：麥田出版／城邦文化事業股份有限公司／104台北市中山區民生東路二段141號5樓／電話：(02) 25007696／傳真：(02) 25001966、發行：英屬蓋曼群島商家庭傳媒股份有限公司城邦分公司／台北市中山區民生東路二段141號11樓／書虫客戶服務專線：(02) 25007718；25007719／24小時傳真服務：(02) 25001990；25001991／讀者服務信箱：service@readingclub.com.tw／劃撥帳號：19863813／戶名：書虫股份有限公司•香港發行所：城邦（香港）出版集團有限公司／香港灣仔駱克道193號東超商業中心1樓／電話：(852) 25086231／傳真：(852) 25789337•馬新發行所／城邦（馬新）出版集團【Cite(M) Sdn. Bhd.】／41, Jalan Radin Anum, Bandar Baru Sri Petaling, 57000 Kuala Lumpur, Malaysia.／電話：+603-9056-3833／傳真：+603-9057-6622／讀者服務信箱：services@cite.my•印刷：漾格科技股份有限公司•2024年02月初版一刷•定價360元

國家圖書館出版品預行編目資料

成為大人的第一堂哲學課/小川仁志著；談智涵譯. -- 初版. -- 臺北市：麥田出版：家庭傳媒城邦分公司發行, 2024.02
面；　公分. -- (ithink書系；RI7008)

譯自：中高生のための哲学入門

ISBN 978-626-310-580-5 (平裝)
EISBN 9786263105775 (EPUB)

1.CST: 人生哲學 2.CST: 生活指導 3.CST: 青少年

191.9　　112018372

城邦讀書花園
www.cite.com.tw